AF312617

RESPONSE

A LA
SECONDE LETTRE
DE Mr ARNAVLD.

Par le Sieur DE MARANDE' Conseiller
& Aumosnier du Roy.

ENSEMBLE LES CINQ PROPOSITIONS
censurées, extraites du Liure de Iansenius par les
Iansenistes mesmes.

A PARIS,
Chez Sebastien Cramoisy Imprimeur ordinaire du Roy:
& Gabriel Cramoisy, ruë S. Iacques aux Cicognes.

M. DC. LV.
AVEC PRIVILEGE DV ROY.

ORDRE DES MATIERES
contenuës dans cette Response.

AVIS
SVR LES CINQ PROPOSITIONS
CENSVRE'ES,
EXTRAITES DV LIVRE DE IANSENIVS
par les Ianseniftes mefmes.

OMME *on achenoit l'impreſſion de cet Ou-urage, m'eſtant rencontré en la compagnie de quelques Sçauans, l'vn d'entre eux me dit en faueur de la ſeconde Lettre de Monſieur Arnauld, qu'elle trouueroit touſiours dans le peuple des defenſeurs de ſa doctrine, tant & ſi long temps qu'on dif-fereroit à monſtrer au public, que les cinq Propoſitions cenſurées ſe trouuent dans le Liure de Ianſenius, ou ſelon leurs termes, ou ſelon leur ſens; & qu'ainſi elles en ont eſté veritablement extraites. Cela me fit naiſtre en la penſée, le deſſein de mettre en teſte de ma Reſponſe les cinq Propoſitions cenſurées tirées des tomes, des liures & des chapitres de Ianſenius, qui autrefois nous auoient eſté marquez & indiquez par les Ianſeniſtes, dans vn temps auquel ils iugeoient neceſſaire, de nous prouuer qu'elles eſtoient de Ianſenius, & qu'il les defendoit fortement & inuinciblement.*

Cette preuue qui ſans doute ſurprendra beaucoup de monde, donnera d'autant plus d'éclat & de force à cette verité, qu'eſtant appuyée ſur l'aueu & la propre confeſ-ſion de nos Aduerſaires, ils ne pourront plus la contredire,

sans se contredire, & se condamner eux-mesmes à la veuë
de tous les Sages. Ie pretends donc faire voir icy plus clair
que le iour, par les lieux que les Iansenistes mesmes nous
ont marquez dans leurs Libelles, que leur dessein estoit
pour lors de nous persuader & nous conuaincre, que les cinq
Propositions estoient formellement contenuës & enseignées
dans le Liure de Iansenius, c'est à dire, dans le propre sens
que portent les termes, dans lesquels elles furent conceuës
& formées, lors qu'elles furent portées à Rome pour estre
presentées aux pieds de sa Sainteté par les Euesques de
France, afin qu'elle y interposast son Decret & sa Censure,
comme il est arriué. C'est ce que ie feray, en suite de quel-
ques obseruations tres-vtiles à l'éclaircissement de cette
matiere.

I. OBSER-

I. OBSERVATION.

Que les Janſeniſtes ſouſtiennent hautement que les Propoſitions cenſurées ne ſont point dans Janſenius.

MONSIEVR ARNAVLD dans ſa premiere *Lettre,* dit que *ces Propoſitions ſont heretiques,* & qu'il *n'y a point de Docteur qui les ait ſouſtenuës & defenduës pour Catholiques ;* Et dans ſa *ſeconde Lettre* il declare que luy & les ſiens ſont *preſts de ſe rendre, auſſi-toſt qu'on leur aura fait lire ces propoſitions dans le Liure d'où l'on dit qu'elles ont eſté tirées,* & que luy & ſes amis *ne les ont point leuës dans Ianſenius :* Mais nous verrons s'il tiendra ſa parole. Il dit encore & declare qu'il *les condamne ſans y chercher aucune explication,* & qu'il *les condamne dans le ſens propre, naturel & litteral que portent les termes.* *Dans la* I. *Lettre de M. Arnauld, p.* 5.

2. *Lettre page* 150.

2. *Lettre ibid.*

Page 138.

Dans vn autre Ouurage intitulé, *Memoire ſur le deſſein,* &c. il dit qu'on *a deſia declaré & qu'on declare encore par cet écrit, qu'on ne ſouſtient & qu'on ne ſouſtiendra iamais ces propoſitions condamnées, ſous pretexte de quelque ſens que ce ſoit ;* Il adioûte que *pour dire auec quelque couleur que ces Propoſitions ont eſté condamnées dans le ſens de Ianſenius, il faut auoir prouué auparauant qu'elles ſont tirées de Ianſenius,* &c. Qu'il *eſt plus clair que le iour au moins des quatre dernieres, qu'elles ne ſont point de Monſieur d'Ypre ;* Et qu'enfin *condamner le ſentiment de Ianſenius touchant ces Propoſitions, ce ſeroit condamner tout le contraire des Propoſitions meſmes.* *Memoire ſur le deſſein qu'ont les Ieſuites, pag.* 1.

Ibid. pag. 2. & 3.

Ibid. pag. 4.

Dans vn autre Ouurage intitulé, *Reſponſe au Pere Annat,* Monſieur Arnauld dit que *cette verité de fait, qui eſt que les propoſitions condamnées ne ſont point de Monſieur d'Ypre, ne peut eſtre conteſtée par aucune perſonne habile & equitable, qui aura pris la peine de l'examiner ;* Et qu'*on fait voir dans la premiere partie de cet ouurage, que les cinq Propoſitions ne ſont point de Monſieur d'Ypre, & que tout le contraire ſe trouue dans le liure de ce Prelat.* *Réponſe au P. Annat dans l'Auantp.*

ẽ

Ibid. 1. partie p. 7.

Ibid. part. 2. p. 1.

Il dit encore qu'il *est aisé de monstrer sur chacune de ces Propositions, qu'il enseigne tout le contraire dans son Liure:* Il aioûte *qu'il n'y eut iamais de plus insigne faußeté, que d'auoir voulu faire croire aux plus illustres personnes de l'Eglise, que les cinq Propositions, &c. ont esté tirées du Liure de Monsieur d'Ypre;* D'où Messieurs les Iansenistes concluent que *les cinq Propositions ne sont point de Iansenius.* Mais consultons ce qu'ils diront dans la seconde obseruation, pour voir en suite s'ils sont bien d'accord auec eux-mesmes; Car c'est proprement dans la contradiction des Nouateurs, que l'esprit de l'heresie se découure, & s'est tousiours manifesté à l'Eglise, ainsi que tous les S S. Peres nous l'enseignent.

II. OBSERVATION.

Que les Docteurs Iansenistes, & sur tout Monsieur Arnauld, auant que ses deux Lettres eussent paru, ont soûtenu que les cinq Propositions estoient de Iansenius, & qu'elles estoient Catholiques.

Apol. pour les SS. Peres dans la Pref.

MONSIEVR ARNAVLD dans son *Apologie pour les SS. Peres,* parlant des cinq Propositions, dit que *quiconque veut les censurer, veut opprimer la verité qui doit estre aussi inuiolable que Dieu mesme:* Et dans vn Libelle qu'il a intitulé, *Considerations sur l'entreprise de Monsieur Cornet,* lors qu'il parle de la premiere des cinq Propositions cen-

Considerat. sur l'entreprise, pag. 15.

surées, il dit qu'*on l'a tirée quasi mot à mot d'vn endroit du Liure de Monsieur l'Euesque d'Ypre;* donc elle y est par la confession de Monsieur Arnauld; donc elle est soûtenuë & defenduë par Iansenius & par ses Disciples. Il en-

Ibid. pag. 22.

core que *les propositions sont vrayes en vn sens, & faußes en vn autre, & que cela se voit clairement dans la premiere proposition, &c. laquelle ne veut dire autre chose sinon que les iustes sont quelquefois si affoiblis, qu'ils ne peuuent faire les choses qui sont de leur deuoir, encore qu'ils sçachent que Dieu le commande.*

Il aioûte que l'*Ecrit par lequel les noſtres s'eſtoient d'eux-* *Ibid. p. 38.*
meſmes donné la hardieſſe d'informer le Pape, pour le porter à
la condamnation des plus ſaintes & des plus conſtantes maximes
de la grace, ayant eſté refuté de point en point par vne ſolide
réponſe, & toutes ces Propoſitions qu'ils taxoient d'erreur & d'he-
reſie, ſoûtenuës puiſſamment contre leurs accuſations friuoles &
impertinentes, ils veulent obtenir par cabale, ce qu'ils n'ont pas
le courage de defendre la plume à la main.

Vous voyez donc, Monſieur Arnauld, que *ces Propoſi-*
tions que nous taxions d'erreur & d'hereſie, & que le Pape
a depuis condamnées d'hereſie, ont eſté fortement ſoûte-
nuës par vous & par les voſtres ; pourquoy donc auez-vous *1. Lettre de Mon-*
dit tant de fois dans voſtre *premiere & voſtre ſeconde Lettre*, *ſieur Arnauld, p.*
que vous & les voſtres ne *les auez iamais ſoûtenuës*, que *12. & p. 20.*
vous les auez *touſiours condamnées d'hereſie*, & que *vous n'eſtes*
iamais tombez en aucune erreur ? Ne vous auois-ie pas ob-
ieƈté ces choſes dans ma *Réponſe* à voſtre premiere *Lettre?*
Pourquoy n'y auez-vous pas répondu?

Dans vn autre Libelle intitulé, *Memoire ſur le deſſein,* *Memoire ſur le*
&c. fait depuis la Bulle, vous nous dites que *ce ſeroit* *deſſein p. 4.*
violer toutes les regles de l'Egliſe, que de vouloir determiner
(comme a fait Innocent X. dans ſon dernier *Decret*, &
les Eueſques de France dans leur *Lettre Circulaire*) *que*
ces Propoſitions ſont condamnées dans le ſens de Ianſenius : Ainſi le Pape dans ſon Decret, & les Eueſques de France
dans leur celebre Iugement *ont violé toutes les regles de*
l'Egliſe, ſelon Monſieur Arnauld, parce qu'*ils ont declaré*
que les Propoſitions ſont condamnées dans le ſens de Ianſenius.

Certes, Monſieur, ſi i'eſtois aſſez eloquent, ie me met-
trois en deuoir de vous faire icy vn beau remerciment
pour le Pape, & pour les Eueſques de France. Et ie
voy bien que vous eſtes tout preſt de dreſſer pour eux
de beaux panegyriques, pourueu qu'ils ſoient de voſtre a-
uis ; mais quelque ſoûmiſſion que vous diſiez auoir pour le
Pape, ie puis dire ſans eſtre Prophete, que s'il cenſure iamais voſtre *ſeconde Lettre*, vous ne manquerez pas de recuſer ſa cenſure, ou plûtoſt de la cenſurer ; car voſtre eſprit

eſt trop ſublime & trop diuin, pour auoir des iuges ſur terre qui ne ſoient pas de voſtre auis.

Mais pourſuiuons noſtre deſſein. Vous dites encore, dans le meſme Libelle, que *les ſentimens de Ianſenius ſur le ſuiet de ces propoſitions, ſont tellement les meſmes que ceux de ſaint Auguſtin, que tous les habiles Theologiens reconnoiſ-ſent, que les points capitaux de la doctrine de ce Pere auroient eſté condamnez ſous le nom de Ianſenius, & que c'eſt particu-lierement aux Eueſques à en iuger.* C'eſt ce qu'ils ont deſia fait, Monſieur Arnauld, ainſi que vous verrez dans ma *Réponſe ;* mais d'où vient qu'au lieu d'obeïr & de vous ſoûmettre au iugement de ceux, que vous auiez choiſis, pour vos arbitres & vos iuges, vous cenſurez leur iuge-ment, & les traitez auec tant d'outrages & d'iniures, comme on verra dans ma *Réponſe ?*

Ibid. pag. 5.

Et dans vn autre Ouurage intitulé, *Réponſe au P. An-nat,* fait depuis la Bulle & cenſuré, vous dites, Mon-ſieur Arnauld, qu'*on bleſſe l'honneur du Pape, en luy impo-ſant d'auoir condamné par ſa Conſtitution comme des blaſphemes & des hereſies, des veritez tres-ſaintes & tres-Catholiques.* Mais qu'a-t-il *condamné d'hereſie,* ſi ce n'eſt les cinq Pro-poſitions ? donc ſelon vous elles eſtoient & ſont encore *des veritez tres-ſaintes & tres-Catholiques.*

Rép. au P. Annat dans l'Auantp.

Dans vn autre Libelle, Monſieur Arnauld parlant de la premiere propoſition, dit qu'*on s'attache auec plus d'ar-deur à cette propoſition, comme la croyant la plus expoſée à la calomnie, au lieu que c'eſt l'vne des plus fortes & des plus con-formes à l'Ecriture & aux principes de la Foy & de la pieté de l'Egliſe.* Et c'eſt peut-eſtre pour cela que vous la renou-uellez dans voſtre *ſeconde Lettre,* ainſi que vous le trou-uerez obſerué dans le corps de ma *Réponſe.*

Conſiderat. ſur l'entrepriſe, p. 37.

Et dans le Liure prodigieux intitulé, *Saint Auguſtin vi-ctorieux de Caluin,* façonné dans le Port Royal, pour ré-pondre au *Secret du Ianſeniſme,* qui n'eſtoit qu'vn liuret qui leur a fait tant de peine, Monſieur Arnauld n'a-t-il pas defendu & ſoûtenu les propoſitions cenſurées ? Car aprés qu'il a dit, qu'*il y a des hommes qui n'ont point de*

S. Auguſtin victo-rieux de Caluin. Conf. 1 chap. 4. pag. 13.

graces suffisantes pour se sauuer, s'ensuit-il pas, dit-il, *qu'ils ne peuuent accomplir les commandemens diuins, & qu'en méme temps ils se trouuent engagez dans vne necessité de pecher?* Il aioûte dans la 3. Conference, page 17. que *ceux qui pechent témoignent qu'ils n'ont pas eu la grace victorieuse ou efficace* (car c'est la mesme selon eux) *auec laquelle ils n'auroient pas peché; & n'ayant pas eu cette grace, ils sont demeurez dans l'impuissance d'obseruer les Commandemens de Dieu:* Puis il aioûte, *Comment donc peut-on pretendre que Iesus-Christ soit mort pour tous?*

Il a soûtenu la seconde proposition, lors qu'il a dit que *les Peres ne parlent que d'vne grace efficace, puisqu'ils n'en connurent iamais d'autre; d'où vient que lors qu'ils disent que la grace diuine n'est pas accordée à tous les hommes, ils n'opposent point cette grace à vne autre grace, comme s'il y en auoit vne qui fust donnée à tous les hommes, & vne autre qui ne le fust pas.* Et parce que selon Monsieur Arnauld, & selon les Iansenistes, *la volonté ne resiste iamais à la grace efficace, & qu'il n'y a point d'autre grace de Iesus-Christ, que cette grace efficace & victorieuse :* il est de Foy selon Monsieur Arnauld, que *dans l'estat de la nature corrompuë, on ne resiste iamais à la grace,* ou que la volonté ne la reiette iamais; ce qui toutefois a esté condamné d'heresie par la Constitution d'Innocent X. *Ibid. p. 14. & 15.*

Il embrasse la 2. la 3. & la 5. des propositions censurées, pour les defendre dans vne seule periode, qui dit que *nostre volonté ne laisse pas d'estre libre, pour estre meuë par vne grace qui la determine efficacement à son action, sans la laisser dans l'indifference d'agir ou de ne pas agir* (car il dit par tout comme au chap. 4. de la premiere Conference, que *la liberté n'exclut que la contrainte*) *& que Dieu ne veut que le salut des éleus, comme estant les seuls qui reçoiuent de sa part des moyens suffisans pour se sauuer.* *Ibid. 3. Conf. chap. 5. pag. 18.*

Mais dans leur Libelle Latin, intitulé *Propositiones de gratia*, Monsieur Arnauld n'a-t-il pas entrepris de nous monstrer que les cinq Propositions sont de Iansenius,& qu'elles s'y rencontrent dans les liures & les chapitres

ē iij

qu’il a citez, ainſi qu’il ſe verra dans le corps de ma *Reſponſe*, & plus clairement encore dans les cinq Propoſitions que ie tire à preſent de Ianſenius, ſelon les liures & les chapitres qu’ils nous ont indiquez dans ce Libelle, quoy que ie puiſſe, s’ils le veulent ainſi, leur en produire encore vne foule d’autres textes qu’ils n’ont pas citez dans leurs Liures.

Donc il eſt vray, Monſieur Arnauld, que vous les auez ſouſtenuës pour *Catholiques*, & pour *les plus ſaintes & les plus conſtantes maximes de la grace*; donc il eſt faux que *vous ne ſoyez iamais tombez en aucune erreur*, ainſi que vous le diſiez ſi fauſſement dans voſtre 1. *Lettre*. Mais voyons dans l’obſeruation ſuiuante, ſi vous eſtes conſtant à vous meſme, & ſi vos contradictions ne deuroient pas vous enſeuelir dans vne confuſion *horrible*, mais encore plus *pitoyable*. Excuſez moy, ſi i’emprunte ces beaux termes du Dictionaire du Port Royal pour exprimer ma penſée.

III. OBSERVATION.

Contradictions de Monſieur Arnauld.

L’Eſprit de Dieu dans la Sainte Eſcriture parlant des ſuperbes, dit que *Dieu diſſipe leurs penſées, pour les empeſcher de recueillir le fruit de leurs mauuais deſſeins; qu’il ſurprend les Sages mondains dans la ruſe de leur propre conduite, pour deſtruire & renuerſer la malignité de leurs conſeils, de ſorte*, dit-il, *qu’en plein iour ils ſe trouueront dans le milieu des tenebres, & dans le plus beau midy des lumieres ils marcheront en taſtonnant comme dans vne pleine nuit*: Sur quoy le grand S. Gregoire fait cette reflexion au ſuiet des Nouateurs, *Ils marchent*, dit-il, *dans le iour comme dans des tenebres époiſſes, parce qu’en la preſence de la verité qui eſt toute lumiere, ils ſont aueuglez par la perfidie de leur propre erreur.*

Or l’aueuglement de l’eſprit d’vn Nouateur, & ſes

Iob. cap. 5.
Qui diſſipat cogitationes malignorum, ne poſſint implere manus eorum quod cœperant;
Qui apprehendit ſapientes in aſtutia eorum, & conſiliũ prauorum diſſipat;
Per diem incurrent in tenebras, & quaſi in nocte, ſic palpabunt in die.
Greg. expoſit. mor. in 5. cap. Iob. l. 6. c. 14.
Per diem tenebras incurrunt, quia in ipſa veritatis præſentia, perfidiæ errore cæcati ſunt.

tenebres , se rendent visibles & palpables aux yeux de
tous, par ses propres contradictions dans les choses de
la Foy, declarant en vn temps par sa plume que des choses sont Catholiques, & declarant en vn autre par la mesme plume que les mesmes choses sont heretiques, quoy
qu'elles demeurent tousiours en elles, les mesmes qu'elles estoient auparauant.

C'est ce qui est arriué à Messieurs les Iansenistes, &
principalement à Monsieur Arnauld au suiet des cinq
Propositions censurées ; Ce qui paroist euidemment par
la reflexion qu'vn chacun peut faire sur les choses rap-
portées, dans la premiere & dans la seconde obseruation,
par l'antithese & l'opposition de leurs sentimens contraires, pour ne pas dire contradictoires.

Car il a dit dans la seconde obseruation, que *les cinq
Propositions sont Catholiques*, & que *quiconque veut les cen-
furer, veut opprimer la verité qui doit estre aussi inuiolable que
Dieu mesme*; & il a dit dans la premiere, ie veux dire dans
ses *deux Lettres*, que ces *mesmes Propositions sont heretiques*.

Il a dit dans la seconde obseruation parlant de la premiere de ces Propositions, qu'elle *est tirée quasi mot à mot
d'vn endroit du liure de Monsieur d'Ypre;* & il dit dans l'obseruation precedente, que luy & ses amis *ne les ont iamais leuës
dans Iansenius :* Au moins deuoit-il en excepter la premiere.

Il a dit dans la premiere qu'il *est prest de se rendre, aussi
tost qu'on luy aura fait lire ces Propositions dans le Liure de Iansenius ;* & il a dit dans la seconde, & prouué fortement
& veritablement qu'elles sont de Iansenius : Il a mesme cité les liures & les chapitres, d'où ie les ay tirées &
extraites , comme vn fruit que i'ay cueilly dans le iar-
din des Iansenistes, pour le presenter au public. Ne sont-
ce pas là des tenebres horribles , & plus effroyables que
celles d'Egypte ? Car celles-cy n'aueugloient que la veüe
corporelle , & celles de Monsieur Arnauld aueuglent les
yeux de l'esprit.

Il a dit dans la premiere , que iamais *aucun Docteur*

n'auoit tenu ces *Propositions pour Catholiques*, & qu'il *n'y eut
iamais de faußeté plus insigne, que d'auoir voulu faire croire aux
plus illustres personnes de l'Eglise, que les cinq* Propositions *ont
esté tirées de Iansenius*: Et il nous apprend dans la seconde, que luy & les siens ont defendu ces mesmes Propositions comme Catholiques, & soustenu contre nous
qu'elles estoient de Iansenius; Ce qu'ils ont prouué par
les Liures, & par les Chapitres qu'ils nous en ont citez,
ainsi que ie le fais voir au public.

Enfin Monsieur Arnauld a dit dans la premiere obseruation, qu'il a *declaré & declare encore qu'il condamne ces
Propositions sans y chercher aucune explication que ce soit, & qu'il
les condamne dans le sens propre, naturel & litteral que portent
les termes*; Et il a dit dans le cahier à 3. colomnes, qu'il *les
defend à l'égard d'vn sens legitime, & qu'il les defendra toûiours au sens qu'il les a exposées*. Voyez comme Monsieur
Arnauld est constant à soy-mesme, & quelle est la foy
de ses escrits, & l'honneur de sa belle plume.

Distinctions abbregées p. 4. & 10.

IV. OBSERVATION.

*Que lors que l'Eglise examine des propositions en matiere
de Foy, elle s'attache plus au sens, qu'aux paroles
ou aux termes de ces propositions.*

TOVTE proposition est composée de deux choses,
l'vne est la liaison & la contexture des termes sous
lesquels elle est exprimée; l'autre est le sens ou la chose
qu'elle signifie; Celle-cy est cōme l'ame de la proposition;
celle-là n'en est que l'écorce & le corps. Et comme le
corps en l'homme n'est que l'organe par lequel l'ame s'explique, & manifeste aux autres sa pensée; ainsi les termes d'vne proposition, sont comme ses organes, qui nous
ouurent & nous manifestent le sens qu'ils contiennent &
embraßent dans leur liaison, sous leurs langes & leurs
petites enueloppes.   Delà

Delà vient auſſi que les anciens Conciles aſſemblez Concil. Nican. II. general. VII. act. 4. & 5.
pour les choſes de la Foy , & pour nousfaire connoiſtre la
conformité de la doctrine des SS. Peres qui les auoient
precedez, rapportoient enſemble tous les textes de ces
anciens Peres, ſur le ſuiet qui ſe traitoit. Et bien que dans
ce grand nombre de textes , il n'y en euſt pas deux qui
ſe reſſemblaſſent quant aux termes,& au tiſſu des paroles,
ſous leſquelles ils eſtoient enoncez , ſi eſt-ce que l'iden-
tité de ſens s'y rencontroit : Tellement que c'eſt au ſens
des propoſitions que l'Egliſe s'attache, pour monſtrer
leur doctrine conforme ſur le point dont il s'agit, &
non pas aux termes ny aux paroles de ces propoſitions.
Ils faiſoient encore la meſme choſe des textes des heretiques , pour monſtrer leur conformité dans l'erreur,
comme il paroiſt dans ces anciens Conciles.

Cette verité demeurant pour conſtante & indubitable entre les Doctes , ie dis pour venir à noſtre ſuiet , &
deſcendre au fait de Ianſenius, & des Propoſitions que
i'ay extraites de ſon Liure , conformément aux chapitres qui nous auoient eſté indiquez par les Ianſeniſtes,
qu'il n'eſt pas neceſſaire que les propoſitions extraites de
ſon Liure, pour eſtre dites conformes aux cinq Propoſitions cenſurées, & pour les condamner & les declarer
heretiques, qu'il n'eſt pas, dis-ie, neceſſaire qu'elles ſoient
conceuës dans les meſmes termes, que ceux dans leſquels les Propoſitions cenſurées ſont enoncées dans la
Bulle ; mais il ſuffit qu'elles contiennent le meſme ſens,
& la meſme doctrine que les Propoſitions cenſurées ; ce
qui paroiſt tres-euident par l'extrait fidele que i'en ay
fait.

Or ie puis dire que la pluſpart de celles que i'ay tirées, ſont preſque en meſmes termes, que ceux des Propoſitions cenſurées ; ce qui fait qu'on ne peut plus
douter qu'elles ne ſoient dans Ianſenius , & qu'elles
n'ayent eſté condamnées par la Bulle dans le Liure de
Ianſenius, & en tous les autres où elles ſe pourront rencontrer : puiſque l'hereſie eſt vn monſtre mortel , qui

doit eſtre fuy ou euité également dans tous les lieux
où il ſe rencontre ; & que de vouloir dire par les Ianſeniſtes qu'elles ne ſont pas toutes dans Ianſenius , en
meſmes termes qu'elles ſont contenuës dans la Bulle,
eſt vne puerilité pitoyable, & vne ignorance groſſiere
en des perſonnes ſçauantes, qui ne doiuent pas ignorer
le procedé & la conduite des anciens Conciles , dans
l'examen des propoſitions d'vn Liure, pour iuger ſi elles ſont orthodoxes ou heterodoxes.

Et comme pour faire ce iugement, ils ne ſe ſont ar-
reſtez qu'au ſens & non pas aux paroles, nous ne ſommes obligez en toute rigueur, qu'à iuſtifier que le ſens des
propoſitions du Liure de Ianſenius , eſt le meſme que le
ſens des Propoſitions cenſurées , quoy que d'ailleurs elles s'accordent preſque toutes dans les termes auſſi bien
que dans le ſens. Il ne nous reſte ſur ce ſuiet qu'vne ſeule difficulté à vaincre , qui dans la penſée des Ianſeniſtes,
ainſi que ie le iuge , leur doit ſeruir de port de ſeureté
& d'azile , ou pluſtoſt d'éuaſion, de fuite , & de derniere
retraite ; ce qui m'oblige de la preuenir & la détruire par
l'obſeruation ſuiuante.

V. OBSERVATION.

*De la qualité des conſequences qu'vn Docteur particulier
tire par ſon raiſonnement des textes d'vn S. Pere , & à
qui elles appartiennent.*

IL eſt du raiſonnement de l'eſprit des hommes ſur vn
meſme principe, comme des voyageurs de differentes nations, qui s'eſtant ramaſſez dans les Indes , & raſ-
ſemblez dans vn meſme vaiſſeau pour faire voile, & reuenir en l'Europe, ſe ſeparent tous au meſme moment qu'ils
ont pris terre en quelque port de l'Europe. Car de meſme que ceux-cy ſortent tous d'vn meſme vaiſſeau, & que
le terme du depart ou du debarquement leur eſt com-

mun à tous; si est-ce que le terme du repos où ils tendent,
& s'acheminent, n'est pas moins different entre eux,
que ces personnes sont differentes entre elles de nations
& de prouinces: Ainsi ceux d'entre les hommes qui rai-
sonnent sur vn mesme principe, ou sur vn mesme texte,
sont d'vn esprit si different, que bien que le progrez de
leur esprit ait vn mesme principe pour terme de depart;
si est-ce toutefois que le terme de repos où ils arriuent
par leurs consequences particulieres, n'est pas moins different, que les lumieres de leurs esprits sont diuerses entre elles.

Delà vient aussi qu'en matiere de Foy, ces consequences n'ont point d'autorité ny de poids en la bouche d'vn
Docteur particulier; quoy qu'en celle d'vn Concile Oecumenique, elles ayent autant d'autorité que la parole
diuine; non pas entant que ces consequences ou ces decisions sortent de l'esprit de ces hommes assemblez, car
en eux-mesmes ils ne sont pas infaillibles, mais entant
qu'elles procedent de l'esprit de Dieu qui les assiste, &
les éclaire de sa lumiere infaillible.

Ces choses obseruées, ie dis en premier lieu pour preuenir la fuite, & l'éuasion des Iansenistes, que s'ils nous
disent que les Propositions extraites du Liure de Iansenius, ne sont que des consequences qu'il tire des textes
de S. Augustin; & qu'ainsi elles n'appartiennent point à
Iansenius, mais à S. Augustin: on respond que cela n'est
pas receuable; parce qu'eux mesmes nous ont declaré
dans leurs Liures, qu'en matiere de Foy les consequences qu'vn chacun tire de la sainte Escriture ou d'vn S. Pere, sont de nulle consideration, puisqu'vn chacun, disent-
ils, en peut tirer des conclusions telles qu'il luy plaist
selon sa fantaisie: & d'ailleurs comme il leur est impossible de nous lire aucune des cinq Propositions censurées dans S. Augustin, & qu'on les lit dans Iansenius,
il est euident qu'elles appartiennent à Iansenius, & non
pas à S. Augustin.

Car de mesme que les fausses consequences que les

Considerations sur
l'entreprise p. 16.

Memoire sur le
dessein p. 2.

í ij

heretiques tirent de la sainte Escriture, appartiennent & sont propres aux heretiques, & non pas à la sainte Escriture ; ainsi les consequences heretiques & censurées que Iansénius a tirées mal à propos des textes de S. Augustin mal pris & mal entendus, appartiennent, & sont propres à Iansenius & non pas à Saint Augustin ; de telle sorte que le remerciment qu'on peut faire à Iansenius sur le suiet des cinq Propositions censurées, que les Iansenistes nous pourroient dire estre des consequences des textes de S. Augustin, est qu'il a esté vn tres-mauuais Logicien, puisque d'vne saine doctrine, il en a tiré des consequences heretiques.

Ie dis en second lieu, que supposé mesme, par impossible, que les consequences que Iansenius tire des textes de S. Augustin, se trouuassent en mesmes termes dans les escrits de S. Augustin, il ne s'ensuiuroit pas necessairement pour cela, que la proposition dans laquelle cette consequence seroit renfermée fust Catholique, & orthodoxe dans Iansenius, quoy qu'elle fust orthodoxe dans S. Augustin.

Ma proposition est hardie, mais elle est encore plus veritable, car ce texte pourroit auoir vn bon sens dans S. Augustin, & auoir vn mauuais sens dans Iansenius : c'est ce que ie prouue par l'exemple de l'heretique Arius, qui voulant prouuer par la sainte Escriture, que le Fils estoit moindre que le Pere, faisoit sa conclusion d'vne sentence de la sainte Escriture, & dans les mesmes termes qu'elle estoit couchée dans la sainte Escriture, sans aucune addition de termes, & sans aucun changement de paroles ; Car il argumentoit ainsi contre les Catholiques : I. C. nous enseigne dans l'Euangile qu'il est moindre que le Pere, si le Pere est plus grand que le Fils ; Or le Pere est plus grand que le Fils. On luy nioit cette proposition, il la prouuoit par ces paroles sorties de la bouche de Iesus-Christ, *Mon Pere est plus grand que moy.*

Ioann.14.cap.
Pater maior me
est.

Le texte cependant qui luy seruoit de consequence, & qui estoit vne sentence diuine, & la verité mes-

me dans la sainte Escriture, estoit vne sentence de Demon & la fausseté mesme dans la bouche & dans les liures d'Arius, bien qu'il n'y eust aucun changement de
paroles, mais de sens seulement; Car dans la sainte Escriture ces paroles, *mon Pere est plus grand que moy*, ont
vn sens veritable, & ne disent autre chose, sinon que
Dieu le Pere est plus grand que Iesus-Christ quant à
l'humanité de I. C. Arius au contraire prenoit ces paroles dans vn sens faux, entendant que le Fils estoit moindre que le Pere quant à la Diuinité qui estoit en I. C.

D'où il s'ensuit, que quand mesme les cinq Propositions censurées dans le Liure de Iansenius, que cet Auteur & tous les Iansenistes auec Monsieur Arnauld, disent n'estre autre chose que des consequences tirées des
textes de S. Augustin, se trouueroient en mesmes termes dans ce S. Pere, il ne s'ensuiuroit pas necessairement
pour cela, qu'elles fussent orthodoxes dans Iansenius,
bien qu'elles fussent telles dans S. Augustin.

Mais tant s'en faut que cela soit, que ie soustiens contre Monsieur Arnauld & contre tous ses Sectaires, qu'il
n'est pas en leur puissance, de me lire dans les Liures de
saint Augustin pas vne des cinq Propositions censurées,
ainsi que ie le prouue nettement dans vn petit ouurage
que i'ay fait sur ce suiet, & qui auroit esté imprimé, sans
mon absence de Paris. Or nous verrons à la suite si les
Propositions censurées ne se trouuent pas dans le Liure
de Iansenius, par l'adueu mesme des Iansenistes, & selon les liures & les chapitres de cet Auteur, qu'ils nous
ont citez dans leur Libelle intitulé, *Propositiones de gratia.*

VI. OBSERVATION.

*Sept preiugez infaillibles & conuaincans de la fauſſe do-
ctrine de Monſieur Arnauld, fondez ſur la recuſation
publique & inoüie qu'il a faite des Docteurs de Sorbonne, touchant ſa ſeconde Lettre.*

LA recuſation publique que Monſieur Arnauld a
faite depuis peu, non ſeulement des ſix Docteurs
deputez de la Sorbonne pour l'examen de ſa ſeconde Lettre, mais encore de tous les autres Docteurs de cette
fameuſe & illuſtre Faculté, que toute la terre a touſiours
reuerez comme les ſages interpretes de la parole de Dieu,
des Canons des Conciles, des Decrets des ſouuerains
Pontifes, & de la ſaine doctrine de l'Egliſe, eſt le premier preiugé infaillible & conuaincant en la perſonne
de Monſieur Arnauld, qui a l'honneur d'eſtre l'vn des
membres de cette Communauté, mais vn membre malade qui trouble auiourd'huy toute l'œconomie de ce
grand corps, que dans les œuures qu'il donne tous les
iours au public, il ne veut que des admirateurs, & non
des examinateurs de ſes liures ; qu'il ne cherche que des
perſonnes ſoûmiſes à ſes propres ſentimens, & non pas
des iuges equitables de ſes mauuaiſes maximes ; & qu'enfin ſa doctrine nouuelle eſt vne doctrine peſtilentielle &
contagieuſe, qui par ſes frequentes recidiues ne cherche qu'à s'accroiſtre, & à ſe rengreger, & non pas à ſe
guerir.

Or qui ne ſçait que tous les heretiques n'ayent toûiours recuſé les Docteurs Catholiques comme leurs propres parties, & qu'ils n'ayent frayé ce chemin à l'entrepriſe nouuelle de Monſieur Arnauld, qui paroiſt ſi é-
trange & ſi ſcandaleuſe, qu'elle remplit auiourd'huy tout
le monde d'étonnement, & iette les plus auiſez du nouueau party dans vne grande conſternation d'eſprit, de

voir qu'ils foient maintenant obligez d'abandonner, par
vn peril manifefte de leur falut, la doctrine de la Sorbonne, qui eft & qui a toufiours efté la doctrine de l'E-
glife ; ou d'abandonner la doctrine nouuelle, qu'ils n'a-
uoient embraffée que fur la croyance qu'ils auoient, que
la pieté & la foy de Monfieur Arnauld eftoit non feulement foûmife à cette augufte Faculté , mais encore
protegée , foûtenuë & defenduë par fes celebres Docteurs?

Mais qui doute que les Nouateurs qui ont voulu
troubler le repos de l'Eglife par la fauffeté de leurs dogmes, n'ayent pallié d'intereft, de paffion, de cabale &
d'entreprife, l'iniuftice de la recufation temeraire qu'ils
ont propofée contre leurs Iuges naturels ; & que la nouueauté qui rend toutes chofes nouuelles en ces perfonnes coupables, ne leur donne enfin vne fi haute eftime
d'eux-mefmes par la frequence & le nombre des Sectaires, qui fans ceffe les encenfent & les éleuent au deffus
de la tefte des autres, qu'ils fe perfuadent qu'ils ne re-
leuent plus que de Dieu, & de leur plume, & qu'ils
ont pris poffeffion d'vne fouueraineté fpirituelle & in-
dépendante, qui les affranchit du iugement de tous les
tribunaux, & de toute foûmiffion reguliere & ordinaire
à tous les autres hommes.

Le fecond preiugé infaillible & conuaincant contre
Monfieur Arnauld, eft en ce qu'il viole non feulement
le droit commun, par la recufation qu'il a faite de tous
les Docteurs de la Compagnie de Sorbonne ; mais encore le droit diuin, qui nous a efté marqué en des caracteres celeftes , & plus éclatans que les rayons du Soleil,
lors que par vn precepte indifpenfable il nous oblige de
rendre raifon de noftre foy, quand il eft neceffaire, non
feulement aux Docteurs de l'Eglife, mais encore à tous
ceux en particulier, aufquels la raifon, la charité, &
l'honneur que nous auons d'eftre Chreftiens, & de porter le nom de Iefus-Chrift fur le front, nous obligent de
manifefter noftre foy pour leur propre edification.

Soyez toũsiours prests (nous dit le Prince des Apostres) *de rendre raison de vostre foy à tous ceux qui vous la*
demanderont, afin de les satisfaire sur le champ dans cette iuste
demande. Dites-nous donc, Monsieur Arnauld, vous qui
faites le contraire, d'où auez-vous receu ce nouueau priuilege, qui vous dispense auiourd'huy de la iuste rigueur
de ce precepte diuin ? Pretendez-vous par vos artifices
vous placer au dessus des loix diuines, de mesme que
par vostre entreprise nouuelle & pleine de scandale, vous
vous estes éleué au dessus des loix ciuiles & ordinaires?

Il est vray que quelques heretiques des derniers temps
ont pretendu qu'ils estoient affranchis de toute loy humaine, pour royale & souueraine qu'elle pust estre, &
qu'ils n'auoient point d'autre Roy que Iesus-Christ, ny d'autre
loy que l'Euangile; mais ils n'ont iamais dit qu'ils fussent
exempts des loix diuines du nouueau Testament, qui
assuiettissent tous les fideles par vne obligation indispen-
sable, à les garder fidelement. Est-ce que vostre nouueauté & le nombre des heresies qui paroissent dans vôtre seconde Lettre, ainsi qu'on le verra par ma *Réponse,*
vous ait acquis par vn droit chimerique le titre authen-
tique, & le priuilege extrauagant d'estre dispensé de rendre raison de vostre foy, non pas à des particuliers comme moy, qui vous en ay pressé tant de fois auec tant de
raison ; non pas à vn illustre Clergé d'vne Paroisse de
Paris, qui vous en a sollicité auec tant d'instance, de
modestie, & de charité ; mais au corps entier de la Faculté de Theologie de Paris, & à la Compagnie de la
fameuse Maison de Sorbonne, dont vous auez l'honneur
d'estre membre & confrere?

Est-ce point, Monsieur le Docteur, que vous pretendiez estre le Ioseph de cette tant renommée famille de
Iacob, & que les autres Docteurs n'en soient que les faux
freres, qui ayent conspiré vostre perte, sous pretexte
que vous auez songé (& c'est là veritablement vn songe
vain & friuole) que vostre gerbe estoit adorée de leurs
gerbes, qui s'inclinoient deuant vous ; & que le Soleil

&

& la Lune, ie veux dire l'Eglife Romaine & l'Eglife Gallicane, auec tous les autres aftres, c'eft à dire les fçauans,
s'eftoient humiliez à vos pieds pour vous complimenter,
& reuerer vos nouueaux fentimens?

Le troifiéme preiugé eft en ce que vous agiffez contre
vous-mefme; Car quãd vous auriez eu le deffein de décrier
voftre doctrine nouuelle, de la combatre vous-mefme,
& de la condamner, pouuiez-vous y reuffir plus auanta-
geufement, qu'en recufant vos propres freres, qui ont
témoigné pour vous tant de tendreffe & de charité, que
la qualité que vous auez d'eftre Docteur de Sorbonne,
& leur confrere, leur a fait iufques à prefent diffimuler
auec patience, l'affront qu'ils receuoiét de fe voir en quelque façon fleftris & deshonorez par les mauuaifes & dangereufes maximes que vous auez femées dans le monde,
d'autant plus criminellement que le nom fameux & fpe-
cieux de Docteur de Sorbonne, qui paroift fur le front
de quelques-vns de vos ouurages, eftoit dans la croyance des peuples vne marque certaine & indubitable, qu'il
n'y auoit rien dans vos écrits, qui ne fuft Catholique.

Non, Monfieur, ne croyez pas que la France ny que
les païs eftrangers, qui ont tant de refpect pour la Maifon
de Sorbonne, approuuent iamais l'entreprife de voftre
nouueau procedé dans la recufation iniufte & temeraire que vous auez faite de tous vos freres; & par confequent de tous les Docteurs Catholiques, puifqu'il n'y en
a point ny dedans ny dehors le Royaume, qui ne fou-
fcriue volontiers à la Foy de cet illuftre Corps, que tout
le monde confidere auiourd'huy auec vous, comme vos
accufateurs, vos parties & vos Iuges; car en matiere de
Foy, les Catholiques ont toufiours efté les accufateurs,
les parties & les Iuges des Heretiques.

O qu'il eft perilleux en matiere de Foy, d'auoir contre
foy-mefme, des accufateurs, & des parties de cette qualité! & que ce reproche, Monfieur, eft conuaincant contre vous, pour faire voir aux plus fimples d'entre le peuple, que voftre nouuelle doctrine fe trouue auiour-
õ

d'huy condamnée en voftre propre bouche & par vous
mefme, dés là que vous la iugez criminelle & coupable
dans l'efprit & dans la bouche de ceux, aufquels les Fideles de la France & tous les bons Catholiques ont cou-
ftume de recourir comme à leur oracle domeftique, foit
pour s'affeurer dans la Foy, lors qu'ils fe trouuent ébran-
lez ou éblouïs par le faux éclat d'vne doctrine nouuelle,
foit pour regler la conduite de leur vie dans les chofes
pratiques & difficiles à penetrer & à iuger aux confcien-
ces timides & peu verfées dans ces hautes matieres.

Eft-ce point, Monfieur, qu'en recufant les Docteurs
Catholiques, vous pretendiez que pour vous iuger, il
faille appeller des Arbitres qui ne foient ny Catholiques ny Heretiques? Penfez-y bien; car il ne feroit pas
raifonnable pour decider ce differend, de recourir aux
Infideles & aux Payens. Vous recourez au Pape, dites-
vous, c'eft ce que nous examinerons en fon lieu.

Le quatriéme preiugé infaillible & conuaincant, eft
que la doctrine nouuelle de Monfieur Arnauld a fait fon
entrée dans le monde par la recufation & par les infames
reproches, qu'elle a publiez contre l'honneur des plus
anciennes lumieres de l'Eglife, parce qu'elle ne vouloit
point de Iuges, c'eft à dire, qu'à fon abord elle n'a eu en
bouche que des maledictions & des anathemes contre ce
qu'il y a de plus faint, qui eft la tradition de l'Eglife, que
les faints Peres, à compter depuis Origene, auoient receuë des Difciples des Apoftres & qu'ils auoient confi-
gnée en la main des Euefques leurs fucceffeurs iufques à
faint Auguftin.

C'eft ainfi que cette doctrine criminelle dés fa naiffance, a recufé fes Iuges, & fes plus anciens Senateurs, &
qu'elle les a fait defcendre du plus haut de leur Tribunal,
pour les mettre fur la fellette, & fe placer elle-mefme
dans leur trône, pour leur donner la qualité de coupables, afin de les iuger, & condamner ainfi fes propres Iuges.

N'eft-ce pas pour cela que les Auteurs du Ianfenifme,

téls qu'ont esté Ianfenius & S. Cyran, dont Monfieur Arnauld n'eſt que le Difciple & le Sectaire, ont commencé
leur Nouueauté par la recufation de ces Iuges facrez?
car le premier de ces deux voulant troubler l'Eglife par la
fauffeté de fes dogmes, a commencé fon trauail par les reproches iniurieux qu'il a publiez contre tous les Peres
Grecs & Latins, qui depuis Origene iufques à faint Auguftin auoient éclairé l'Eglife de la lumiere de l'Euangile.

Et afin qu'on les iugeaſt fi bien recufez, qu'ils ne peuf-
fent plus eſtre appellez pour fes Iuges, il les a noircis
d'vn crime fi atroce, qu'il n'a pas feint de flêtrir la reputation de leur doctrine & de leur fainteté, de l'infame caractere de l'herefie Semipelagienne.

C'eſt encore fur ce mefme fondement qu'il a pofé &
affis les iniuftes reproches qu'il a fait de tous les Docteurs
de l'Eglife & de l'Ecole, qui depuis cinq cens ans l'ont
nourrie du pain de la doctrine celeſte, & que s'eſtant at-
taché par vne animofité toute particuliere aux plus fameux d'entre les Docteurs Reguliers, il a adioûté les iniures, les calomnies & l'aigreur de fa plume àl'infolente
recufation qu'il a faite de leur doctrine commune, fans
épargner ny les Thomiftes ny *faint Thomas mefme*, dont il
a dit dans fes Lettres à S. Cyran *que la doctrine luy déplai-
foit.*

En effet ce Nouateur parlant *non de ce fiecle feulement,
mais des fiecles paffez: Pour vous parler naïuement* (dit- il dans
l'vne de fes lettres à S. Cyran) *ie tiens fermement qu'aprés
les Heretiques, il n'y a gens au monde qui ayent plus corrompu la
Theologie, que ces Clabaudeurs de l'Ecole que vous connoiffez:
Que fi elle fe deuoit redreffer au ſtile ancien qui eſt celuy de la verité, la Theologie de ce temps n'auroit plus aucun vifage de Theologie pour vne plus grande partie: Et i'ofe dire que quand toutes
les deux Ecoles tant des Iefuites que des Iacobins, difputeroient
iufques au bout du iugement pourfuiuant les traces qu'ils ont com-
mencées, ils ne feroient autre chofe que s'égarer bien dauantage,
l'vne & l'autre eſtant cent lieuës loing de la verité.* Puis il pour-
fuit:

Dans le liure inti-
tulé, Naiffance du
Ianfenifme, ou
Lettres de Ianfe-
nius à l'Abbé de S.
Cyran, page 15.

Ie n'ose dire à personne du monde ce que ie pense, selon les principes de saint Augustin, d'vne grande partie des opinions de ce temps, & particulierement de celles de la grace & de la predestination, de peur qu'on ne me face le tour à Rome qu'on a fait à d'autres (c'est à dire à Baius) *deuant que toutes choses soient meures & à son temps: Ie suis dégoûté vn peu de saint Thomas, &c.*

Ce sont là les paroles de ce Nouateur, & vne partie des reproches, sur lesquels il fondoit la recusation de ses Iuges; mais si ses faux sentimens sur la grace n'eussent esté censurez à Rome comme il l'auoit predit, nous eussions découuert bien d'autres erreurs dans le cœur de ses Sectaires qu'ils n'auroient pas manqué de publier; car ce que Iansenius appelle en ce lieu *opinions de ce temps*, outre la matiere *de la Grace*, comprend infailliblement d'autres points de doctrine, qu'ils auroient combatus comme des heresies. Les Sçauans m'entendent bien, & n'en ont que trop découuert dans les Liures, & dans les pratiques des Iansenistes; ce qui paroistra plus clairement dans ma Response.

Le second, ie veux dire S. Cyran, qui dans la doctrine de la Grace auoit les mesmes sentimens que Iansenius, recusoit sur ce point tous les Iuges que Iansenius auoit recusez: Il recuse d'abondant toute l'Eglise depuis six cens ans; Car Monsieur l'Abbé de Prieres Profez en l'Ordre de Cisteaux luy ayant demãdé *qu'est-ce donc ce qu'il appelloit l'Eglise*, il luy dit que *l'Eglise n'est autre chose, que ce qui estoit auant les six cens ans derniers*: Et Monsieur de Prieres luy ayant demandé *si le Pape à present seant n'estoit pas le veritable Chef de l'Eglise, & si les Prelats, Curez, Docteurs, Religieux & le Peuple que nous voyons viure sous mesmes loix, n'en sont pas veritablement les membres*: S. Cyran repartit, que *tel corps ne peut estre censé Eglise en vn autre sens, ny pour autre raison, que pour auoir succedé à la place de la veritable l'Eglise, & de mesme que si quelque eau bourbeuse & corrompuë occupant le lict d'vne riuiere, dont l'eau auroit esté autrefois viue, claire & salutaire, on donnoit à cette mauuaise eau le nom de la mefme riuiere, quoy que changée par la corruption de cette mefme riuiere; Que la corruption s'eftoit mife non feulement dans les mœurs, mais aufsi en plufieurs points de la doctrine; & que les Euefques, Ecclefiaftiques & Religieux d'aprefent, parlant communément, font dépourueus de l'efprit du Chriftianifme, de l'efprit de la Grace, & de l'Eglife; Que faint Thomas mefme auoit rauagé la vraye Theologie par le raifonnement humain;* Et pour recufer le Concile de Trente, S. Cyran difoit dans la depofition de feu Monfeigneur l'Euefque de Langres Prelat illuftre en fainteté, *que le Concile de Trente n'eftoit pas vn vray Concile.*

Ibid. Dans la declaration de Monfieur l'Euefque de Langres, page 26.

Voilà vne partie de la nouuelle doctrine que l'Abbé de faint Cyran infpiroit à Monfieur Arnauld, & à tout le Port Royal qu'il a dirigé tant d'années, & mefme iufques au temps que Monfieur Arnauld luy a fuccedé dans l'inftruction & la direction de cette Congregation Religieufe. Ce n'eft donc pas merueille fi ce fçauant Difciple s'eftant abbreuué depuis vn fi long temps, dans les eaux de la cifterne que fon bon Maiftre luy auoit creufée, il recufe auiourd'huy les Docteurs Catholiques, que Ianfenius appelloit *Clabaudeurs*, & que S. Cyran difoit eftre les *Corrupteurs de la doctrine de l'Eglife.*

Le cinquiéme preiugé eft en l'auerfion que Monfieur Arnauld témoigne encore à prefent, comme il a toufiours fait, contre les Ordres Religieux vnis au Corps de la Faculté de Theologie de Paris, ne voulant pas fouffrir que dans vn point, où il ne s'agit que de la feule doctrine de la Foy, pour fçauoir fi la 2. *Lettre* de cet Efcriuain, eft Catholique ou heretique en quelques points, les Docteurs de chaque Corps Regulier s'y trouuent en plus grand nombre, que de deux feulement; Car fi fur d'autres matieres moins importantes ils doiuent, ou ne doiuent s'y rencontrer qu'en ce petit nombre feulement, c'eft ce que ie n'examine point, & à quoy ie ne pretends pas toucher, comme foûmis aux Puiffances Ecclefiaftiques & Laiques, pour lefquelles ie n'auray toute ma vie qu'vn refpect entier & parfait, dans vne profonde veneration.

ō iij

Mais ce qui fait iuger aux plus ſenſez, que la 2. *Lettre* de Monſieur Arnauld eſt veritablement defectueuſe en la Foy, eſt la recuſation publique qu'il fait des Docteurs des quatre Ordres Religieux Mendians, dans l'examen de ſon Liure : Or tout le monde ne ſçait pas que S. Cyran luy auoit fourni, il y a deſia long-temps, vn reproche infaillible dans ſa penſée, pour recuſer le grand nombre de ces Iuges deſintereſſez, luy ayant appris dans l'vn de ſes libelles, que *l'eſtat religieux eſtoit ſeulement vn eſtat de Penitence, & non pas d'Innocence*, c'eſt à dire vn eſtat ſeulement de Criminels & de Scelerats, & par conſequent recuſables dans le iugement de toute ſorte de matieres.

Que ſi c'eſt là parler dignement de tant de grands Saints & Docteurs eminens, qui ont paru dans ces Ordres appellez des *Mendians*, & qui ont enrichy l'Egliſe de ſainteté & de doctrine, ie m'en rapporte à S. Thomas, à S. Bonauenture, & à tant d'autres qui ont fleury dans l'Eſcole auec tant d'honneur, & dont les noms ſont en memoire ſur nos autels.

Aprés tout, ie ne voy pas que dans l'examen des choſes de la Foy, Monſieur Arnauld ait quelque iuſte raiſon de recuſer les Docteurs de ces Ordres Reguliers, puiſqu'ayant tous abandonné les intereſts du ſiecle, pour ſe déuoüer entierement au ſeruice de Dieu, ils doiuent par vne neceſſité inuiolable, eſtre immuablement attachez par la vraye Foy au corps de l'Egliſe, & au corps de l'Eſtat par leur ſincere fidelité.

A celuy de l'Egliſe pour en conſeruer & maintenir à iamais les veritez orthodoxes au peril de leur vie, puiſqu'on peut dire d'eux tres-proprement, ce que S. Paul diſoit autrefois des Chreſtiens, qu'ils ſeroient veritablement les plus miſerables d'entre les hommes, s'ils n'étoient animez de l'eſperance certaine des recompenſes eternelles, puiſqu'ayant renoncé à tous les biens de la terre, ie veux dire aux richeſſes par le vœu de pauureté, aux delices de la vie, & aux licites plaiſirs du

mariage par le vœu de continence, & à la libre difpo-
fition de leur propre volonté par le vœu d'obeiffance,
ils n'ont plus rien de commun fur la terre auec les autres
Chreftiens que la veuë du Ciel, & ne peuuent plus paffer dans le monde, que pour des fepulchres viuans & a-
nimez, & pour des Martyrs perpetuels, immolez à la plus
grande gloire de Dieu, dont toute la recompenfe n'eft
que dans vn Royaume futur, dont l'on ne prend poffeffion qu'aprés que l'ame eft feparée de fon corps.

Qui donc d'entre les fideles ont le plus d'intereft dans
leur particulier, de defendre & fouftenir la pureté de la
doctrine Euangelique, que ceux dont toute la vie &
les emplois ne font fondez que fur l'attente d'vne efpe-
rance Chreftienne, qui en tout fiecle & en tout temps
les a toufiours fait combatre fi genereufement fur la
terre, contre les ennemis de la pureté de la Foy & des
mœurs, pour obtenir enfin la couronne immortelle qui
ne fe donne qu'aux combatans. Certes fi des Iuges de
cette qualité peuuent eftre iuftement recufez dans la
doctrine de la Foy, il fera permis en fuite de recufer tous
les autres.

Mais fi quant à la Foy, ils font vnis inuiolablement
au corps de l'Eglife & au S. Siege, ils font encore vnis
& liez auffi eftroitement au corps de l'Eftat, à raifon de
la fidelité inuiolable qu'ils luy doiuent par vn deuoir qui
ne reçoit iamais de difpenfe; Ce qui procede de ce que
leur Corps ne pouuant ny s'eftablir ny fe conferuer, fans
la volonté & les bonnes graces du Prince qui les reçoit
dans fon Royaume, les Chefs de ces Corps reguliers font
dans vne folicitude continuelle, d'arrefter parmi eux la
promptitude indifcrete, qui pourroit fe rencontrer dans
quelque particulier de leur Corps, dont la faute, l'in-
difcretion, ou la legereté par vne fuite fafcheufe retom-
beroit infailliblement fur tout le Corps.

C'eft auffi pour cela que tous les particuliers de ces
Corps font obligez de fe maintenir dans le deuoir, dans
les chofes qui concernent les interefts de la Couronne,

dont ils ne doiuent iamais parler dans les Chaires, ny
dans leurs Liures, si ce n'est à l'auantage du Prince,
car autrement ils feroient chastiez & punis sur le champ
par les Superieurs de leur Ordre.

Et certes si S. Cyran, Iansenius, & Monsieur Arnauld eussent esté renfermez dans l'vn ou l'autre de ces
Corps Religieux, & liez à ses regles par vne obeissance
voüée, il auroit bien empesché leurs excez, leurs nouueautez, & leurs emportemens, qui causent auiour-
d'huy tant de troubles dans l'Eglise & dans l'Estat. C'est
aussi ce qui fait voir combien est iniuste la recusation de
Monsieur Arnauld contre les Docteurs de ces Ordres.
O que pleust-il à Dieu qu'il me fust permis de m'estendre
sur vne si riche matiere, car ie pourrois dire beaucoup de
choses tres-remarquables sur ce suiet; mais les limites
d'vne simple obseruation ne me permettent pas d'en dire dauantage.

Le sixiéme preiugé infaillible & conuaincant, est,
Monsieur, que supposé par impossible, que vous eussiez eu
quelque raison à l'égard des Docteurs Catholiques, de
vous dispēser du precepte de l'Apostre S. Pierre cy-dessus
remarqué, & de recuser toute la Compagnie de Sorbonne, & mesme tous les autres Docteurs de la France; au
moins ne deuiez-vous pas pour molester l'Eglise qui
vous auoit condamnez, vous adresser aux Souuerains,
& vous presenter aux pieds de leurs tribunaux dans les
choses de la Foy?

Et vous en auiez d'autant moins de suiet, que vous
auez dit dans l'vn de vos Libelles, que *les Euesques ont receu de Iesus-Christ, & de la tradition de toute l'Eglise, le pouuoir
d'examiner, decider & iuger en premiere instance les causes ma-
ieures, qui regardent la Foy & la Discipline:* Et que d'ailleurs
il ne falloit passer que le ruisseau, ie veux dire trauerser
le peu de chemin qu'il y a entre la Maison de Sorbonne, &
le lieu si connu, où se tient tous les iours l'Assemblée des
Euesques de France, afin d'implorer sa iustice & sa protection dans vostre cause, si vous la iugiez equitable, &
soû-

ſoûmettre ainſi à ſon iugement la deciſion de voſtre que-
relle; voyez tant de celebres Eueſques qui rempliſſent
auiourd'huy cet auguſte Senat, ſont-ils pas vos Iuges,
vos Paſteurs, & vos Peres?

D'où vient, Monſieur, que vous les auez autrefois tant
honorez dans vos Liures, & qu'à preſent le ſouuenir de
ces ſucceſſeurs des Apoſtres ſe ſoit éteint & ſupprimé
tout à coup dans voſtre penſée, & dans vn temps où vous
pouuiez eſtre ſecouru en vn inſtant, dans l'iniuſtice que
vous pretendiez vous eſtre faite (contre voſtre propre attente)& par vos propres freres, qui ont bien eu l'aſſeurance
(ô le grand crime!) de vouloir examiner vne grande Lettre pleine d'erreurs, que vous n'auiez faite que pour eſtre
leuë & admirée des ſimples, & non pas pour eſtre examinée des Sçauans, & moins encore des Docteurs de Sorbonne vos confreres; Car c'eſt ce que voſtre recuſation
témoigne bien clairement.

Mais, Monſieur, ſi voſtre doctrine eſt Catholique que
craignez-vous ? Peuuent-ils faire que ce qui eſt Catholique ne le ſoit pas ? Peuuent-ils déuiſager la verité, &
la faire paſſer pour menſonge ? Nous ont-ils iamais enſeigné quelque mauuaiſe doctrine. D'où peut donc naî-
tre, Monſieur, ce mauuais ſentiment que vous auez de
vos Confreres ? le iugement que vous en faites n'eſt-il
point *temeraire & peché* ? Conſultez voſtre *ſeconde Lettre*,
& vous y trouuerez ce cas de conſcience, iugé par vous
contre vous-meſme, puiſque voſtre iugement n'eſt icy
appuyé que ſur de vains ſoupçons tres-faux & tres-in-
iuſtes.

Que ſi voſtre doctrine eſt heretique, comme on n'en
doute plus, pourquoy la donnez-vous au public ? Ces
Docteurs ne ſont-ils pas obligez d'empécher que le peuple ne ſoit imbu de vos erreurs, & de la doctrine des mauuais liures ? Puiſque les Rois ne les ont établis, & confirmez dans leurs priuileges, que pour empécher que la
foy de leurs ſuiets ne fuſt empoiſonnée par les fauſſes
doctrines.

2. Lettre page 77.

ú

bon grain par vn vent léger; parce qu'ils nous diront aprés Monſieur Arnauld, que leurs iuges ſont leurs parties, & des parties animez de zele, de paſſion, d'intereſt & de cabale.

Le dernier preiugé eſt en ce que vous vous eſtes adreſſé directement au Pape, dans la penſée que vous auez euë, que ſi vous recuſiez les Docteurs, les Eueſques, & le Pape meſme, les plus ſimples de voſtre party vous auroient abandonné, & pour lors le Port Royal ſeroit deuenu vn veritable *deſert.*

Mais qu'auez-vous fait en cela que ce qu'ont fait les autres heretiques ? Le fameux Luther ne vous a-t-il pas deuancé dans cette procedure, lors que s'eſtant abatu par ſes lettres aux pieds du Pape, il luy dit, *Faites de moy tout ce qu'il vous plaira, faites-moy viure, faites-moy mourir, i'entendray voſtre voix comme l'oracle venant de Ieſus-Chriſt.* Et dans vne autre Lettre, *I'atteſte,* dit-il, *deuant Dieu que ie n'ay iamais eu le deſſein ny l'intention de toucher à l'autorité de l'Egliſe Romaine ny de ſon Paſteur,* ainſi que ie l'ay rapporté ailleurs. Mais qui n'auroit eſté ſurpris & trompé par cette ſoumiſſion ſimulée, qui fit voir bien toſt aprés que ſon cœur & ſa penſée eſtoient tres-éloignez de la candeur de ces paroles ?

Qu'auez-vous fait en cela, que ce qu'ont fait les Pelages & les Celeſtius? Celuicy écriuant au Pape ſaint Innocent I. *Nous ſommes hommes* (luy dit-il), *ſi donc peut-eſtre il eſt arriué que par ignorance il ſe ſoit gliſſé quelque erreur dans mon écrit, ie le ſoûmets humblement à la cenſure de voſtre Sainteté.* Mais ce qui ſuiuit cette ſoûmiſſion qui paroiſſoit ſi ſincere, fit bien voir que les Chefs de l'erreur n'en reuiennent iamais, Dieu le permettant ainſi pour l'ordinaire en punition de leur ſuperbe.

Et celuy-là, ie veux dire Pelage, ne condamna-t-il pas frauduleuſement ſes erreurs dans vn Concile (que ie n'examine point à preſent) par la crainte qu'il auoit d'eſtre condamné luy-meſme ſur le champ, & de perdre en ce moment tous ceux qu'il auoit pour Sectaires, par la

Inconuen. d'Eſtat art. 10. ſect. 2.

Si fortè (etenim homines ſumus) quiſpiam ignorantiæ error obrepſerit, veſtra ſententia corrigatur.

diffamation de fon erreur ; mais depuis qu'il fe fuft é-
chapé d'entre les mains de fes iuges, ne continua-t-il pas
de prêcher & d'enfeigner ces mefmes erreurs, de mefme, Monfieur, que vous renouuellez auiourd'huy dans
voftre feconde Lettre, vos erreurs condamnées par la
Bulle.

N'écriuit-il pas en fuite au Pape faint Innocent, pour *Baron. ad ann.*
l'affeurer de fa foy & qu'il eftoit Catholique, & paffa *416.*
bien plus auant, car il difoit tout haut que ce faint Pape approuuoit fa doctrine, & qu'il eftoit dans fes nouueaux fentimens, & dans les mefmes maximes qu'il pré-
choit & enfeignoit tous les iours à fes Sectaires.

N'eft-ce pas, Monfieur, ce que vous faites plus adroitement encore que ce Nouateur, dans vn Liure compo-
fé contre le Pere Annat, par lequel, dites-vous, vous defendez la Bulle d'Innocent X. contre les entreprifes de
ce fage Confeffeur du Roy, & celles de tous les Catholiques, qui difent tous que ce Pape a *condamné la doctri-*
ne de Ianfenius dans les cinq Propofitions cenfurées ?

Mais que dira ce grand Pape Alexandre V I I. dont la
lumiere de l'efprit égale fa Sainteté ? Que dira-t-il de
voftre feinte foûmiffion, lors qu'il verra dans voftre feconde Lettre, que vous renouuellez, & remettez fur
pied la doctrine condamnée de Ianfenius, & les cinq Propofitions cenfurées par Innocent X. fon predeceffeur?
Croyez-vous, Monfieur, qu'il n'ait point eu de part à
cet Arreft diuin qui condamne vos fentimens, puifque
vos fentimens font les mefmes que ceux des cinq Propofitions cenfurées, qui fe trouuent dans voftre feconde
Lettre, plus riantes & plus fardées encore qu'elles n'é-
toient, lors que par les voftres vous les foûteniez aux
pieds du faint Siege, auant voftre iugement & voftre
condamnation?

Or finiffons ce dernier preiugé, puifqu'il eft temps
de voir fi le fonds de toute voftre Lettre eft fincere, &
veritable ; car elle n'eft principalement appuyée que fur
ce que vous foûtenez, que *les cinq Propofitions cenfurées*

2. Lettre page 150.

ne font point de Ianfenius ny dans fon Liure; que *vous & les voftres qui l'auez leu auec foin, ne les y auez iamais leuës;* Voyons dis-ie maintenant fi vous ne les y auez iamais leuës, & fi vous & les voftres, ne nous auez pas indiqué dans vos Libelles, les liures & les chapitres du Liure de Ianfenius, où elles font clairement contenuës, & expliquées bien au long, fans toutefois que vous en ayez rapporté les textes : Car mon deffein pour le prefent n'eft autre, que de vous reprefenter feulement les textes que i'ay extraits de Ianfenius, fur la foy de vos citations que i'ay trouuées veritables ; afin que ie vous puiffe dire par la bouche de l'Euangelifte, *De ore tuo te iudico, Ie vous condamne, Monfieur, par vous-mefme.*

Luc. cap. 19.

LES CINQ PROPOSITIONS

CENSVRE'ES,

EXTRAITES DES LIVRES ET DES

Chapitres de Ianfenius, citez & indiquez par les Ianfeniftes mefmes dans leur libelle intitulé, *Propofitiones de gratia*, &c.

De ore tuo te iudico. Lucæ cap. 19. verf. 22.

PREMIERE PROPOSITION.

Quelques Commandemens de Dieu font impoffibles aux hommes iuftes, lors mefme qu'ils veulent, & qu'ils s'efforcent felon les forces qu'ils ont dans l'eftat où ils fe trouuent, & la grace qui les doit rendre poffibles, leur manque.

VOILA la premiere Propofition que les Ianfeniftes dans leur libelle cy deffus allegué, fouftiennent eftre de Ianfenius: *Venons,* difent-ils, à *Ianfenius, & confultons le Chap. 13. de fon 3. Liure de la grace du Sauueur: car c'eft là où elle fe rencontre.* Or voyons s'ils ont dit vray ; Car ils n'ont point rapporté dans leur libelle, les textes ou les paroles de Ianfenius. Mais voicy ce qui fe trouue dans ce chapitre par eux cité.

Efcoutons donc Ianfenius, lequel aprés auoir rapporté quelques autoritez de S. Auguftin, fait vne propofition compofée de quatre membres, dont *le premier eft qu'il y a quelques preceptes qui font impoffibles à l'homme, felon les forces qu'il a dans l'eſtat où il ſe trouue.*

*Le 2. eſt, que nous n'auons pas touſiours la grace, par laquel-
le nous puiſſions accomplir ces preceptes.*

*Le 3. eſt que cette impuiſſance (d'accomplir le pre-
cepte) ne ſe rencontre pas ſeulement dans les aueuglez, dans
les endurcis, & les infideles ; mais encore dans les fideles & les
iuſtes.*

*Le 4. eſt que cette impuiſſance ſe trouue dans les fideles, non
ſeulement quand ils ne veulent pas garder les preceptes, mais
lors meſme qu'ils veulent les garder.*

Appliquez maintenant cette Propoſition de Ianſenius compoſée de ſes quatre parties, à la propoſition
cenſurée, & vous trouuerez celle-cy dans celle-là preſque en meſmes termes ; car pour le ſens, qui eſt ce qu'il
y a de principal & de formel en toute propoſition, il eſt
le meſme dans la propoſition cenſurée, & dans la propoſition de Ianſenius ; donc il eſt vray que la premiere des
cinq Propoſitions cenſurées, a eſté tirée du Liure de Ianſenius, quant aux termes & quant aux ſens entier & parfait.

II. PROPOSITION.

*Dans l'eſtat de la nature décheuë, on ne reſiſte iamais
à la grace interieure.*

LEs Ianſeniſtes dans leur Libelle allegué nous pro-
uoquent à conſulter Ianſenius *au liure 3. où il a, di-
ſent-ils, fortement appuyé cette propoſition, & principalement au
2. Liure chap. 25.* Voyons dons ce chapitre 25. pour y
voir ce qu'il en dit.

Le titre de ce Chapitre eſt, *Que la nature tres-efficace de
la grace y eſt declarée, en ce qu'il n'y a point du tout de grace qui
ſoit priuée de ſon effet, mais qu'elle l'opere infailliblement en
tous ceux auſquels elle eſt donnée.*

Il dit en ſuite de quelque diſcours, que *c'eſt là la raiſon
veri-*

veritable & la cauſe radicale, pour laquelle il n'y a aucune grace de Ieſus-Chriſt qui ſoit fruſtrée de ſon effet ; & que telle eſt la nature de la grace que Ieſus Chriſt par ſa mort a conferée à l'homme malade, ou dans l'eſtat de la nature décheuë. Et parce, dit-il en ſuite, que les Pelagiens reconnoiſſoient vne certaine grace interieure, qui concourant interieurement auec le libre arbitre aidoit l'homme à croire s'il vouloit, ils ont eſté en cela heretiques.

Appliquez maintenant les textes de ce chapitre à la 2. Propoſition cenſurée formée de deux parties ; Car en ce qu'elle dit que *dãs l'eſtat de la nature décheuë,* (voilà la premiere) & en ce qu'elle dit *qu'on ne reſiſte iamais à la grace,* (voilà la ſecõde) & vous les trouuerez toutes deux dans les textes alleguez ; la premiere lorsque Ianſenius ſpecifie *l'état de la nature décheuë,* par ces mots, *l'homme infirme & malade,* puiſque le premier ſelon Ianſenius, eſtoit *ſain & robuſte ;* la ſeconde, quand il bat & rebat pluſieurs fois en ce meſme chapitre, *Qu'il n'y a point de grace de I. C. qui ſoit iamais priuée de ſon effet.*

Car dit-il au meſme lieu, *I. C. nous a conferé cette ſeule grace, qui donne tout enſemble ſon effet, afin que l'homme veüille & face, parceque la ſeule & veritable grace de I. C. eſt celle qu'il a conferée à l'infirmité de la nature décheuë & pechereſſe pour la guerir ; & que dés-là que l'homme eſt deſtitué de l'effet de la grace, ou qu'il peche, il n'a receu aucune grace.*

Voilà donc la ſeconde Propoſition cenſurée, laquelle ſi elle n'eſt preſque en meſmes termes dans Ianſenius, elle y eſt au moins dans le meſme ſens qu'elle a eſté cenſurée, puiſque Ianſenius nous apprend que *dans la nature décheuë ou pechereſſe, la grace n'eſt iamais priuée de ſon effet,* c'eſt à dire qu'on ne la reiette iamais : D'où il eſt euident que la ſeconde Propoſition cenſurée a eſté extraite & tirée, quant au ſens entier & parfait, du Liure de Ianſenius.

ā ā

prorſus effectu caret, ſed eum in omnibus quibus datur, infallibiliter operatur.
Hæc itaque eſt vera ratio & radix, cur nulla omnino medicinalis Chriſti gratia effectu ſuo careat.
Cùm talis ſit natura gratiæ, quam ægrotanti generi humano Chriſtus per mortem ſuam attulit.
Et præterquam quòd ipſi Pelagiani gratiam quamdam potentialem intus cum libero arbitrio concurrentem afferrent, quæ adiuuaret hominem ad credendum ſi vellet, nec tamen hæreſis notam effugere potuerunt, &c.
Ibidem. Illam ſolam gratiam, quæ dat ſimul effectum ſuum, vt homo velit aut faciat ; nempe quia ipſa vera & ſola Chriſti gratia eſt, quam ſanandæ naturæ peccatricis infirmitati attulit. Hoc ipſo quo effectu homo deſtituitur, nullam ei gratiam collatam eſſe, &c.

III. PROPOSITION.

Pour meriter & demeriter dans l'eftat de la nature décheuë, il n'eft pas requis en l'homme vne liberté qui l'exempte de la neceffité ; mais la liberté qui l'exempte de la con-trainte, fuffit.

LEs Ianfeniftes dans leur Libelle allegué nous ren-uoyent à Ianfenius *liure 6. de la grace du Sauueur ch. 6. & au fuiuant, & au ch. 24. & au liure 8. de la grace du Sau-ueur chap. 4. & 14. pour y lire & y voir les preuues innombra-bles, par lefquelles Ianfenius prouue inuinciblement, que la feu-le exemption de la contrainte eft neceffaire pour la vraye liberté, & par confequent neceffaire pour meriter.*

Voyons donc le chapitre 6. cité par les Ianfeniftes. Il a pour titre, que *a liberté eft de deux fortes, l'vne eft de contrain-te, l'autre eft fimple : la premiere repugne à la liberté, mais non pas la feconde ;* Puis dans le corps du chapitre, il dit que *la pre-miere eft toufiours oppofée à la volonté, & repugne capitalement à la liberté, mais non pas la feconde neceffité, par laquelle,* dit-il, *il eft fimplement neceffaire qu'vne chofe fe faffe, fans que la volonté y repugne ou y refifte.* Puis il adioufte, que *cette do-ctrine paroiftra bien nouuelle & bien eftrange à nos Scolaftiques, quoy qu'elle foit indubitable.*

Et dans le chapitre 24. il dit que *l'œuure eft digne de blafme ou de loüange, qu'elle eft meritoire ou demeritoire dés-là qu'elle eft volontaire, de bon gré, & fans contrainte, quoy qu'el-le foit determinée à vne feule chofe. De maniere,* dit-il ailleurs, dans le 8. liure de la grace du Sauueur ch. 4. que *la vo-lonté touchée de la grace de Dieu, ne peut eftre détournée de la bon-ne œuure par aucune tentation, ny furmontée par aucune aduerfi-té, en forte que le declin actuel de la volonté, & fa victoire fe puif-fent rencontrer enfemble auec la grace de Dieu,*

Appliquez maintenant ces textes de Ianfenius à la 3. Propofition cenfurée côpofée de deux parties, dont l'vne regarde *le merite & le demerite* des hommes d'aprefent, qui sont *dans l'estat de la nature décheuë; l'autre, quelle doit estre cette liberté requise pour meriter ou demeriter*, que la Proposition censurée dit estre *vn affranchissement de la contrainte, & non pas de la simple necessité;* Et vous trouuerez que Iansenius a compris ces deux parties, & les a renfermées dans vne seule proposition, quand il a dit, que *l'œuure est meritoire ou demeritoire déslà qu'elle est volontaire & affranchie de la contrainte, quoy qu'elle soit determinée à vne seule chose*, c'est à dire bien qu'elle se fasse necessairement. Car dans le chap. 6. du liure 6. il s'explique, *& appelle simple necessité, la determination de la volonté à vne seule chose.* Il est donc euident que la 3 Proposition censurée, quant au sens entier & parfait, se trouue dans Iansenius, & qu'elle en a esté extraite.

ritorium ex hoc quòd est voluntarium, spontaneum, non coactum, tametsi sit determinatum ad vnum. Lib. 8. de grat. Ch. cap. 4. Vt voluntas ab opere bono nulla tentatione declinari, nulla aduersitate superari possit, ita videlicet vt actualis declinatio voluntatis,& superatio vnà cum Dei gratia iungeretur.

IV. PROPOSITION.

Les Semipelagiens admettoient la necessité de la grace interieure preuenante pour toutes les bonnes œuures, mesme pour le commencement de la Foy ; & ils estoient heretiques, en ce qu'ils vouloient que cette grace fust telle, que la volonté humaine pust luy resister ou luy obeïr.

LEs Iansenistes dans leur libelle cy-deuant allegué nous disent que nous *trouuerons dans le liure 8. de l'Histoire Pelagienne, depuis le 6. chap. iusques à l'onziesme, quelle a esté sur ce suiet la doctrine & le sentiment de Iansenius.* Voyons donc ce qu'il en dit dans ce chapitre 6. qui a pour titre, *La grace generale de ceux de Marseille* (qui estoient Semipelagiens) *est vne grace actuelle, interieure & suffisante pour croire.* Puis dans le corps du ch. *l'estime dit-il, qu'il faut tenir pour vne chose indubitable, qu'outre la nature & la predication de l'Euangile, les Prestres de Marseille ont reconnu la necessité d'vne grace veritable, interieure & actuel-*

Cap. 6. lib. 6. de grat. Salut. Illam vocat necessitatem determinationis ad vnum. *Proposit. de gratia cap. 30.* Quid verò Inserit de isto argumento Cornelius Episcopus, fusissimè reperies à 6 ad 11. caput lib. 8 de historia Pelagiana. *Iansen. eodem c. 6. cui titulus.* Gratia generalis Massiliensium, est actualis, interna & sufficiens ad credendum. Indubitatum esse debere sentio, quòd Massilienses

á á ij

ptæter ptædicatio-
nem atque natu-
ram, veram etiam,
& internam, &
actualem gratiam,
ad ipsam etiam fi-
dem, quam huma-
næ libertatis &
voluntatis adscri-
bunt viribus , ne-
cessariam esse fa-
teantur: Ita vt vo-
luntas lapsorum
hominum creden-
di habeat liberam
potestatem, sic ta-
men vt eos eadem
gratia iuuet cre-
dentes tantùm.
Neque hanc ipsam
gratiæ necessita-
tem ad ipsum velle
Massilienses diffi-
tentur.
In hoc ergo pro-
priè Massilien-
sium error situs est,
quòd aliquid pri-
mæuæ libertatis
reliquum putant,
quo sicut Adam si
voluisset, poterat
perseueranter ope-
rari bonum ; ita
lapsus homo sal-
tem posset credere
si vellet, neuter
tamen absque in-
terioris gratiæ ad-
iutorio, cuius vsus
vel abusus relictus
esset in vnius cu-
iusque arbitrio &
potestate.
Non enim exclu-
sisse Massilienses
ab illa credendi
voluntate, gratiam
quæ interius adiu-
uaret , etsi nihil
ipsi expressius di-
cerent.

le , *mesme pour la foy commençante, laquelle ils soûmettent aux forces de la volonté & de la liberté humaine : en sorte que la volonté de l'homme décheu a la puissance libre de croire , de maniere toutefois. que cette grace n'aide que ceux qui croyent.*

Il dit mesme que *ces Semipelagiens admettoient la necessité de la grace interieure pour vouloir :* d'où il conclud en suite que *l'erreur des Semipelagiens estoit en ce qu'ils croyoient qu'il nous estoit resté quelque chose de cette premiere liberté qui estoit en Adam, par laquelle de mesme qu'il pouuoit operer le bien auec perseuerance, ainsi l'homme décheu peut au moins croire s'il veut, mais non pas sans le secours de la grace interieure, de laquelle l'vn & l'autre auoit besoin, & dont l'abus ou le bon vsage estoit laissé en la puissance & en la liberté de l'vn & de l'autre,* c'est à dire de l'homme sain & de l'homme malade. *Car les Semipelagiens de Marseille n'excluoient point la grace interieure qui aidoit la volonté à croire ; & certes ils n'ont iamais rien dit de plus formel.* Il rebat la mesme chose au chapitre huitiéme, quand il explique en quoy proprement estoit l'erreur des Marseillois.

Appliquons maintenant les textes citez de Iansenius à la quatriéme Proposition censurée composée de deux parties, dont la premiere dit *qu'ils admettoient la necessité d'vne grace interieure pour vouloir ,* & partant pour toutes les bonnes œuures, puisqu'il les faut vouloir auant que de les faire, *mesme pour le commencement de la foy :* & la seconde dit *que leur erreur, estoit en ce qu'ils vouloient que la grace fust telle qu'on pust luy resister, ou luy obeir.*

La premiere est en termes formels dans les textes de Iansenius, quand il a dit que ces *Semipelagiens reconnoissoient la necessité d'vne grace veritable, interieure, & actuelle, non seulement pour vouloir , mais encore pour le commencement de la foy.* La seconde, quand il a dit parlant de cette grace interieure & necessaire au moins pour croire, que *son abus ou son bon vsage estoit laissé en la liberté de la volonté ; Et que c'est en cela qu'ils erroient,* ou qu'ils estoient heretiques. Il est donc manifeste que la 4. Proposition censurée se trouue dans Iansenius, dans le mesme sens qu'elle existe,

& presque dans les mesmes termes, & qu'elle en a esté
tres fidelement extraite quant au sens.

V. PROPOSITION.

*C'est vne erreur des Semipelagiens, que de dire que Iesus-
Christ est mort, ou qu'il a respandu son sang pour tous
les hommes en general sans exception.*

LEs Ianfenistes dans leur libelle cy-dessus allegué,
pour nous monstrer que Ianfenius a tres-doctement
& tres-amplement expliqué cette doctrine, nous ren-
uoyent *au 3. liure de la grace du Sauueur chap. 20. dans lequel,* disent-ils, *on examine cet endroit de l'Apostre, où il est
dit, que Dieu veut que tous les hommes soient sauuez.* & dans
le corps de ce chapitre pour condamner tous les Docteurs Catholiques, qui expliquant ce passage disent,
qu'*il se doit entendre generalement de tous les hommes,* Ianfenius aioûte que *les ennemis de la grace tels qu'ont esté les Pelagiens & les Semipelagiens, l'ont interpreté de la sorte, & que
Pelage a esté la source & la fontaine de cette erreur: & le premier preiugé de cette fausse explication, est,* dit-il, *qu'elle a toûiours pleu aux ennemis de la grace.*

Puis dans le chapitre suiuant, *Selon la doctrine des anciens,* dit Ianfenius, *Iesus-Christ n'est point mort, & n'a
point souffert generalement pour tous les hommes, & n'a point
répandu son sang pour eux tous sans exception. Au contraire
ils nous ont enseigné qu'il falloit reietter ce sentiment comme vne
erreur directement éloignée de la Foy Catholique.* Obseruez
que la fourbe de Ianfenius quand il veut establir vne erreur, est tousiours de dire que son sentiment erronée
est la doctrine des anciens. Il conclud enfin ce chapitre
par ces paroles, *Donc quiconque perit, celuy-là n'a point esté
racheté par le sang de Iesus-Christ.*

Or ie n'estime pas qu'il faille icy vne grande atten-
ãã iij

*Proposit. de gratia
pag.* 25. Claré patet
Christum Domi-
num non esse mor-
tuum pro omni-
bus, *&c.* Yprensis
Episcopus *lib.3. de
gratia Saluai.cap.*
20.
Cui titulus. Ex-
penditur locus A-
postoli, (Deus om-
nes homines vult,
saluos fieri.)
Istum locum de
omnibus omnino
hominibus intelli-
gi volunt.
Sic eum (locum)
explicuerunt ho-
stes gratiæ, Pela-
giani, & Semipe-
lagiani; fons enim
erroris istius Pe-
lagius.
Hoc est primum
expositionis istius
(loci) non leue
præiudicium,
quòd omnibus de
gratia errantibus
placeat.
Ibid. cap. 21. Nec
enim iuxta doctri-
nam antiquorum,
pro omnibus om-
nino Christus paf-
sus aut mortu⁹ est,
aut pro omnibus
omnino tam gene-
raliter sanguinem
fudit, cùm hoc
potiùs tanquam
errorem à fide Ca-
tholica abhorten-
tem doceant esse
respuendum.
Quisquis ergo pe-
rit . . . non ille
Christi sanguine
redemptus est.

tion pour appliquer les textes de Ianfenius, à la Propofition cenfurée, pour monftrer leur conformité dans le
fens & dans les termes : puifque ces textes difent tout
franc que *c'eft vne erreur Pelagienne & Semipelagienne, contraire à la Foy Catholique, de dire que Iefus Chrift eft mort,
ou qu'il a répandu fon fang pour tous les hommes generalement
fans exception.* Donc cette Propofition a efté tres-fidelement extraite de Ianfenius, quant aux termes & quant
au fens.

Que fi Meffieurs les Ianfeniftes ne font pas affez fatis-
faits des textes, dont ils nous ont feulement cité les liures & les chapitres, ie puis leur en fournir vn fi grand
nombre d'autres qu'ils en feront fatiguez ; ce que ie n'ay
pas voulu faire dans cet Ouurage, pour le rendre plus
net, plus clair, & plus fuccint.

Il eft donc vray que les cinq Propofitions cenfurées
font de Ianfenius, qu'elles en ont efté tres-fidelement extraites, & qu'elles ont efté cenfurées au fens de Ianfenius
par la Bulle d'Innocent X. felon le celebre Iugement
des Euefques de France, qui nous eft marqué dans leur
Lettre Circulaire. Il eft encore vray que le recueil que
i'en fais, merite d'autant plus d'eftre receu de tous les Fideles, & mefme refpectée de tous les Ianfeniftes, que la
preuue que i'en donne eft inuincible de la part de deux
chefs qui la rendent inébranlable. Le premier eft l'aueu
public, & la propre confeffion de nos Aduerfaires, puifqu'eux-mefmes nous ont cité les liures & les chapitres,
où i'ay tiré les cinq Propofitions cenfurées des propres
textes de Ianfenius.

Le fecond eft la verité mefme, qui ornée de toutes
fes lumieres ne peut plus eftre combatuë par ceux qui
ont des yeux, puifqu'il n'y a qu'à ouurir le Liure de Ianfenius, pour voir fi ie n'ay pas efté tres-fidele dans le rapport que i'ay fait de fes textes.

Iugez par cet échantillon, quelle eft la hardieffe & la
foy de Monfieur Arnauld, qui n'appuye le fond de fa
feconde Lettre, que fur ce qu'il dit que luy & fes amis

ont leu & releu auec soin le Liure de Ianfenius, & qu'ils
n'y ont point leu les cinq Propofitions, ny quant au fens,
ny quant aux termes : mais ma Réponfe à la feconde
Lettre de cet Auteur vous reuelera bien d'autres myfteres.

RESPONSE
A LA
SECONDE LETTRE
DE MR ARNAVLD.

Diſſipa gentes quæ bella volunt. Pſal. 67. verſ. 33.

OMME il eſt arriué que quelques-vns de ceux qui s'attendoient de trouuer dans la *ſeconde Lettre* de Mr Arnauld, vne pleine & ſolide réponſe à tant d'Ecrits, qui auoient paru contre ſa precedente, ont eſté bien ſurpris, non ſeulement de ce que cet Auteur, au lieu de détruire dans les Liures de ſes aduerſaires par vn effort vigoureux, tout ce qu'ils ont de plus ferme, a fait à leur égard comme l'Abeille, qui picotte les fleurs, pour en faire ſon miel, ſans leur cauſer de dommage ; Mais plus encore de ce qu'il a teu & diſſimulé ma *Réponſe*, dans laquelle ie ne l'auois combatu que par ſes propres armes, & ne l'auois éclairé dans l'obſcurité de ſes voyes, que par la lumiere de ſon propre flambeau, c'eſt à dire par ſes textes, pour rendre ſa défaite auſſi honteuſe à ſon party, que glorieuſe à l'Egliſe : Il peut arriuer pareillement que quelques autres s'eſtonneront, de ce que ce Docteur n'ayant lâché

A^RTICLE I.
S^ECTION I.
Pourquoy l'Auteur reſpond à la ſeconde Lettre de Monſieur Arnauld.

A

contre moy aucun trait de ſa colere (du moins au ſuiet de ma *Reſponſe*); ie ſuis toutefois des premiers qui me preſente contre luy vne ſeconde fois, pour refuter dans ſa *ſeconde Lettre*, les nouuelles erreurs, qu'il s'efforce d'introduire dans le ſein de l'Egliſe.

C'eſt auſſi ce qui m'oblige de rendre raiſon des motifs, qui m'engagent dans cette Reſponſe, auant que de manifeſter la doctrine dangereuſe de ce grand Liure, qu'il a publié depuis peu ſous le nom de *Seconde Lettre*, remplie de tant d'erreurs, que ſi ſa nouueauté & ſa conduite eſtoient receuës dans l'Egliſe, elles ſappetoient les principaux fondemens de la Foy, elles renuerſeroient les regles primitiues de la diſcipline Eccleſiaſtique, & détruiroient les maximes capitales de la Morale Chreſtienne, ainſi que nous le ferons voir dans la ſuite de ce diſcours.

SECTION II.
Raiſons conſiderables.

IE ſçay bien que le mépris qui ſemble enueloppé dans ſon ſilence affecté, ie veux dire dans la ſuppreſſion qu'il a faite de ma *Reſponſe*, auroit pû ſeruir de motif ſuffiſant à quelques autres, pour le picquer de nouueau, & le rendre plus ſenſible à la ſeconde qu'à la premiere attaque: ie ſçay que ſa modeſtie reformée ne le diſpenſoit nullement de taire mon Ecrit, ſi ce n'eſt que mon nom eſtant pour le Port Royal, *vn mot de magie*, on n'oſe pas le proferer en ce lieu ſaint & ſacré, ſans tomber dans l'anatheme.

Quoy qu'il en ſoit, ie fais gloire du mépris de cet humble Docteur, & me tient fort honoré, de ce que ſi pour la defenſe des veritez de la Foy, quelques-vns d'entre nos Doctes, participent auiourd'huy aux inuectiues de ſa plume, ie partage auec eux cet honneur dans quelque ſorte de preciput, puiſque i'ay part non ſeulement aux outrages de ſon ſilence, mais encore aux inuectiues

Pſalm. 118. Multiplicata eſt ſuper me iniquitas ſuperborum.
Seconde Lettre de M. Arnauld page 110.

de ſa plume, pouuant dire auec le Pſalmiſte, que *l'intuſtice des ſuperbes s'eſt redoublée ſur moy.*

Et certes c'eſt en ce lieu, que l'on peut iuſtement rapporter ce que cet Ecriuain dit dans ſa Lettre par maniere de plainte, quand il s'écrie que *ſes paroles nous offenſent, &*

que son silence nous offense encore; puisque s'il parle de moy, c'est pour m'offenser par ses paroles iniurieuses, comme il fait dans le milieu de sa *seconde Lettre;* & s'il garde le silence à l'égard de ma *Response,* c'est pour m'outrager dauantage par son mépris.

Car d'où vient qu'il ne dit rien de ma *Response* à sa premiere Lettre, & qu'au commencement de la seconde partie de sa *seconde Lettre,* il se souuient de mon nom (non pas sans quelque douleur du passé) pour blâmer l'vn de mes Ouurages, qui a pour titre, *Inconueniens d'Estat procedans du Iansenisme,* qu'il dit estre remply *de cent* Pag. III. *mensonges infames,* sans toutefois qu'il en rapporte vn seul?

O la belle, la forte, & l'ingenieuse maniere de refuter les ouurages de cette consequence ! Comme si pour noircir la reputation des Liures les plus forts qui ont paru contre luy, & ne luy ont laissé aucune raisonnable defense, il luy suffisoit d'en nommer l'Auteur, ou d'en citer le titre, auec anatheme & execration, pour le condamner aux tenebres d'vn oubly eternel?

Mais dites-nous, Monsieur Arnauld, est-ce ainsi qu'au Port Royal on se persuade d'auoir doctement répondu à ce Liure, qui a fait tant de bruit parmy les vostres? Est-ce ainsi que vous refutez vn ouurage, qui n'est fondé que sur l'Histoire ancienne & moderne, tant Ecclesiastique, que profane, appuyé de la doctrine des Peres & des Conciles, confirmé par vos propres écrits, & par ceux de vos partisans, & qui découurant nettement l'origine de vostre nouueauté, & le dessein d'vne tres-pernicieuse cabale, commencée depuis plus de quarante ans, entre Iansenius, & l'Abbé de saint Cyran, (ainsi que les *Lettres* imprimées de Iansenius à cet Abbé l'ont appris au Public) fait voir plus clair que le iour, que l'erreur de vostre doctrine condamnée par le S. Siege dans le Liure de Iansenius, que vous defendez encore, & pour le renouuellement de laquelle vous faites à present suër tant de presses; sera suiuie quelque iour dans l'Egli-

fe , & dans l'Eftat Chreftien, felon le iugement des plus
fages, d'vn euenement auſſi funefte, qu'ont efté dans la
France, les nouueautez de Luther & de Caluin, fi les
Puiffances fpirituelles & temporelles, qui s'y font fi genereufement oppofées, ne redoublent leur zele, pour
arrefter vos entreprifes, & le cours de vos erreurs.

Ces raifons toutefois quoy que preffantes & tres-iuftes,
ne m'auroient pas fuffifamment perfuadé de répondre *à la
feconde Lettre de Monfieur Arnauld*, dans la penfée que i'ay
que les iniures qui nous font faites par les ennemis du S.
Siege & des Euefques de France, & le mépris qu'ils font
de nous, ne nous doit pas eftre moins glorieux, qu'il l'a
efté autrefois à faint Hierôme, qui faifoit gloire d'eftre
l'obiet & le but de la haine des Heretiques de fon temps,
& mefme *d'employer tous fes foins, pour faire que les ennemis
de l'Eglife, deuinffent les ennemis de fa perfonne & de fes Liures.*

Mais bien qu'il me puft fuffire, pour refuter la *feconde
Lettre de Monfieur Arnauld*, dans fa première partie, de ren-
uoyer le Lecteur curieux à ma premiere *Refponfe*, pour
monftrer que le mauuais fentiment, que nous auons eu
de fa foy & de la fidelité de fes paroles, eft fondé fur fes
propres Ecrits, & non pas fur *de vains foupçons*, ainfi qu'il
le pretend fauffement ; & que pour détruire tout ce qu'il
dit dans la feconde partie de fa *Lettre*, i'euffe pû ad-
dreffer le Lecteur à mon liure intitulé, *Regles de faint Auguftin*, qui doit bien-toft paroiftre, dans lequel par vne
benediction fpeciale de Dieu, ayant preueu tout ce que
cet Auteur eftoit capable de dire, i'ay renuerfé par auance, tous les faux fondemens fur lefquels il s'efforce maintenant d'appuyer fon principal edifice ; & qu'ainfi i'eftois
fuffifamment difpenfé de répondre à fa *feconde Lettre*,
y ayant pleinement fatisfait : Si eft-ce que d'autres raifons plus importantes m'ont obligé de refuter cet Ecrit,
& d'en manifefter en mefme temps la foibleffe, la fourbe, & la malice.

SECTION III.   C'EST donc l'intereft de la Foy & de fes faintes veritez, opprimé par l'entreprife temeraire & pleine d'erreurs *Raifons plus* d'vne plume trempée dans l'huile du pecheur: C'eft *preffantes.* l'honneur des Prelats de la France, traité par cet Ecriuain, auec autant d'infolence, que de méptis: C'eft la gloire de noftre Religion, fleftrie par l'infame caractere de quelques nouuelles maximes, les plus pernicieufes, que le demon de l'Herefie ait iamais pû inuenter: C'eft l'entreprife criminelle, par laquelle on veut renouueller les cinq Propofitions cenfurées: C'eft le finiftre foupçon par lequel on s'efforce de diffamer la pureté de la foy de quelques perfonnes les plus auguftes, ie veux dire *des premiers de* *Seconde Lettre pa-* *l'Eglife & de l'Eftat, au dehors & au dedans du Royaume,* qu'on *ge* 116. veut faire paffer pour les protecteurs de l'erreur & de la nouueauté, afin de les expofer en fuite, par cet artifice dangereux, à la haine du peuple Catholique & François, qui n'a rien tant en horreur que l'Herefie: Enfin l'intereft de l'Eglife & de l'Eftat, outragé dans la feconde Lettre de Monfieur Arnauld, & l'exprés commandement, qui de la part des Puiffances m'a efté fait d'y répondre, ont efté les motifs principaux, & les raifons fouueraines, qui m'ont engagé à cette replique.

OR COMME l'ordre eft dans les écrits, ce que la lumiere *ARTICLE* II. eft dans le monde, pour diftinguer les chofes, que l'ob- SECTION I. fcurité de la nuit auoit confonduës; Et qu'il n'eft rien fi *Ordre de la Ré-* difficile, pour refuter vn grand liure, embaraffé par vn *ponfe de l'Au-* grand nombre de matieres differentes & fans ordre, que *teur.* d'y répondre fuccinctement & nettement: ie me propofe de fuiure dans ma *Refponfe,* l'ordre que Monfieur Arnauld s'eftoit prefcrit dans fon *Auis au Lecteur,* & qu'il n'a pas fuiuy, (car il n'eft point efclaue de fa parole, qui eft de ne m'attacher qu'aux chofes, qui dans fa *feconde* *Lettre,* regardent la Foy, la Difcipline, & la Morale, pour faire voir aux yeux de tous, que quelque charitable remonftrance, que nous luy ayons pû faire dans nos Liures precedens, de changer la maniere qu'il a toufiours pratiquée dans fes Oeuures, qui eft de détruire par vn artifice inconnu à tous les anciens Nouateurs, dans le corps de son Liure, le dessein qu'il témoigne dans le titre qu'il luy donne, comme il paroist dans son Liure censuré *de la grandeur de l'Eglise Romaine*, par sa maxime condamnée *des deux Chefs qui n'en font qu'vn*, & qu'il n'a point retractée, & dans ses autres Liures, ainsi que nous l'auons remarqué dans nos autres œuures, il n'en a pas profité. Enfin quelque soin que nous ayons pris de le dissuader de cette fourbe, maintenant trop éuentée, il continuë encore en celui-cy ce mesme procedé. Car il promet à l'ouuerture de son Liure, les lumieres de la Foy, de la Discipline, & de la Morale, pour l'instruction des Fideles; Et cependant il ne leur presente, dans le corps du mesme Liure, que des tenebres, & ne leur ouure que des precipices d'erreur dans la Foy, dans la Discipline, & dans la Morale Chrestienne.

<table><tr><td>

SECTION II.
Venë generale de la seconde Lettre de M. Arnauld.

</td><td>

MAIS auant que d'entrer en matiere, il n'est pas mal à propos de donner en passant vne veuë generale, quoy que legere de son dernier Ecrit, qu'il a intitulé, *Seconde Lettre*, auec autant de iustice & de raison, que le mauuais Peintre, qui marque dans son tableau, le nom de la chose qu'il auoit voulu figurer, de crainte qu'on ne prist vn lion pour vn arbre, ou vn oiseau pour vne fleur.

</td></tr></table>

Car s'il n'auoit donné à son dernier Liure, composé de 254. pages, le nom de *Seconde Lettre*, quel est l'homme raisonnable, qui ne l'eust prise pour toute autre chose? Luy qui est si ingenieux dans les titres d'vn Liure, qu'il est en cette matiere comme vn Oracle entre ses faux Prophetes, dont les predictions ont esté si malheureuses pour eux, (ainsi que ie l'ay remarqué dans ma *Response* à sa premiere Lettre) pouuoit-il pas l'intituler, *Response aux Ecrits qui auoient esté faits contre sa premiere Lettre*, & l'adresser comme il a fait, à vn Duc & Pair, pour auoir suiet de varier ses figures, & faire ses transitions?

Aprés tout, il donne à penser aux plus sages, que son principal dessein dans ce second Ouurage, a esté non feulement de raffeurer les efprits vacillans de fon petit troupeau, tout eftourdy par le bruit du tonnerre, dont les plus auifez confiderans que leur doctrine condamnée par le Pape, & par les Euefques de France, eftoit deuenuë la rifée des Grands, le mépris des Magiftrats, & l'execration du peuple fidele, eftoient prefts d'abandonner la conduite onereufe du Port Royal, auffi bien que fa fauffe doctrine; mais encore de faire en forte, que dans le changement de queftions qu'il fait à prefent, pour nous donner le change, & pour fe garantir inutilement des cenfures du faint Siege, tous les fiens qui font répandus & cachez çà & là dans les Prouinces, parlaffent vn mefme langage à la veuë de cette Lettre; d'où vient que s'il euft ofé luy donner le nom qu'elle meritoit, il l'auroit fans doute intitulée, *Lettre Circulaire, adreßée à tous nos Freres répandus dedans & dehors le Royaume, s'il s'y en trouue quelqu'vn.*

C'eftoit là le but principal, où tendoit cette Lettre prodigieufe, qui eft comme le Coloffe imaginaire de ce Roy, dont il eft parlé dans la fainte Ecriture, qui ayant en fa tefte & en fon corps l'éclat des metaux les plus riches, capable d'éblouïr les yeux par fa beauté, & de toucher les cœurs du defir de fon prix, n'auoit pour fondement que la bouë, fur laquelle il eftoit éleué.

Car cet Ouurage nous promet l'or de la Foy, l'argent de la Difcipline Ecclefiaftique, & le bronze de la Morale Chreftienne; mais fes paroles & fa promeffe, ne font fondées que fur le menfonge, & fur la fauffeté de fes fophifmes, capables d'enchanter les fimples, & de fafciner les yeux des ignorans, par vne foule de paffages mal pris, ou mal appliquez; imitant en cela les anciens Heretiques, qui par vn artifice trompeur, faifoient des textes de l'Ecriture, & des fentences des Peres mal entenduës; ce que feroit celuy qui (felon faint Irenée) détruiroit l'image d'vn Roy, formée par l'amas ingenieux de differentes pierreries, pour faire de ces mefmes pierreries l'image d'vn Renard, ou d'vn autre animal ridicule.

Il est vray que Monsieur Arnauld se vante de deux choses à l'ouuerture de sa Lettre. La premiere, d'auoir refuté ce qu'il y auoit de plus remarquable dans les Ecrits, qui auoient esté faits contre luy. La seconde, de ce que plusieurs d'entre les nostres, ont esté obligez de se presenter contre luy, pour faire teste à sa seule plume, mais inutilement ; car il est le braue de nostre siecle, & le seul inuincible, mais non pas inuulnerable, puisque sa premiere *Lettre* a receu tant de playes, qu'on peut raisonnablement dire de cette Lettre, ce que le Sage disoit de la tristesse du cœur, *qu'elle est vne playe vniuerselle.*

Ce n'est pas que ie veuïlle troubler la ioye de son triomphe imaginaire ; mais il me permettra, s'il luy plaist, de luy dire, qu'il n'a pas grand suiet, ce me semble, de se glorifier d'auoir refuté ce qu'il y a de plus fort, dans les doctes Ecrits de ses Aduersaires ; puisqu'au contraire, s'il a esté assez genereux, pour releuer des railleries de peu de consequence, comme d'auoir dit par le *Theologien desinteressé*, que le *Port Royal estoit vn mot de magie* pour quelques-vns ; *& qu'il renonçoit volontiers aux broderies de la marge, &c.* Il a esté assez prudent pour garder le silence, lors que les autres l'ont attaqué si fortement, qu'ils ne luy ont point laissé de replique ; lors que ie l'ay conuaincu par luy-mesme *d'estre tombé en erreur* ; lors que ie l'ay conuaincu, de n'estre pas *sincerement soûmis au Pape*, ny aux Euesques de France ; lors que ie l'ay conuaincu de *faire schisme dans l'Eglise* ; lors que ie l'ay conuaincu par luy-mesme, d'auoir esté vn *faux Prophete* : Et lors enfin qu'vne plume plus serieuse & plus pressante, que celle du *Theologien desinteressé*, a blâmé & conuaincu Monsieur Arnauld, d'auoir glissé dans sa premiere *Lettre*, des erreurs contre la Foy pires que l'Arianisme.

Car le Chef de cette Heresie detestable, faisoit le Fils moindre que le Pere ; Et Monsieur Arnauld ce grand Theologien de nos iours en matiere d'eloquence, nous veut persuader auiourd'huy par sa belle eloquence, que le Fils est moindre que le saint Esprit : Comme si c'estoit
vne

vne maniere infaillible, pour se purger d'vne erreur, dont on est accusé, d'en establir vne pire & plus abominable, que la precedente.

Dites-nous donc, Monsieur Arnauld, qu'est deuenuë la solidité de vostre iugement & de tout le Port Royal? D'où vient que la sublimité de l'esprit de vos Docteurs prouinciaux, ausquels vostre premiere *Lettre* auoit esté communiquée, auant qu'elle parust, a échoüé contre cet écueil effroyable? Nous direz-vous que le meilleur moyen pour defendre vne erreur, est d'en proposer vne pire? C'est ce que nous éclaircirons dans la suite de cet Ecrit.

MAIS si cet incomparable Theologien a si peu de suiet de se glorifier en ce point; il en a moins encore de tirer vanité, de ce que plusieurs ont écrit contre luy; puisque Luther & Caluin, qui ont animé contre eux tous les Docteurs Catholiques, & que les anciens Heretiques, qui ont veu les saints Peres attroupez, pour s'opposer à leurs erreurs par tant de doctes Ecrits, auroient pû non seulement se glorifier à plus iuste titre, que luy, d'auoir allarmé les plumes de tous les doctes, mais encore se vanter, que *la multitude des responses* des saints Peres, contre l'erreur qu'ils combatoient, *estoit vne marque de leur foiblesse;* D'où vient aussi que le grand Euesque de Lyon, l'vn des Apostres de la France saint Irenée, excitoit tous ses Confreres, & les Sçauans à son exemple, de s'vnir par vn dessein commun, pour s'opposer par leurs écrits aux erreurs des Heretiques, & de tous les Nouateurs.

Nous luy pouuons dire d'ailleurs, qu'il a cet auantage au dessus de nous, qu'il lit par les yeux de tous ses Docteurs, qu'il assemble & recueille tant de passages, (mal digerez, mal employez, tronquez & corrompus) par l'amas & le recueil de tous les siens, & qu'il écrit par la plume de tous; ce que nous ne faisons pas. Car l'ordinaire des Nouateurs, est d'imiter les méchans, qui s'vnissent à mal faire; Ce qui fait dire au Sauueur de nos ames, que *les enfans du siecle sont plus prudens* dans la conduite de leurs

---

Marginalia:

SECTION V. *Seconde vanité.*

Seconde Lettre page 3. Irenæus adu. hær. lib. 1. in Præfat.

Lucæ 16. Filij huius sæculi prudentiores filiis lucis in generatione sua sunt.

œuures malignes, *que ne font pas les enfans de lumiere*, dans les chofes de leur falut.

Section VI.
*Premiere partie
de la 2. Lettre
de M. Arnauld,
& ce qu'elle con-
tient.*

ENFIN cette prodigieufe & épouuentable *Lettre*, qui compofe vn grand tome, eft diuifée en deux parties. Dans la premiere, il s'eftend fort fur ce qui s'eft paffé, entre quelques Ecclefiaftiques & vn Seigneur de la Cour, à quoy ie ne touche point, puifque ces pieux & ces doctes Ecclefiaftiques, qui s'y trouuent intereffez, fçauront bien fe defendre. Ie ne touche point auffi, fi ce n'eft en paffant, à la queftion traitée fi nettement, dans vn Ecrit contre Monfieur Arnauld, intitulé, *Lettre d'vn Docteur Catholique à vne Dame de condition*, pour laiffer à ce grand perfonnage la victoire toute entiere, qu'on a raifon d'ef-perer de fa plume.

*Seconde Lettre pa-
ge 36. 47. & alibi.*

Le furplus de la premiere partie de cette feconde Let-tre, n'eft prefque employé, que pour perfuader à fes Lecteurs, que fes *aduerfaires ne l'ont accufé, iugé & condam-né, que fur de vains foupçons:* C'eft ce que nous examine-rons à la fuite, pour demonftrer la fauffeté de fa plainte. Puis il conclud la premiere partie de fa *feconde Lettre*, par vne Apologie concertée de longue main, pour defendre la vertu, & la pureté de la foy des Religieufes du Port Royal, dont il a la conduite.

Section VII.
*Si M. Arnauld
eft vn bon ga-
rand de la foy
des perfonnes,
qu'il a fous fa
conduite.*

MAIS il agréera, s'il luy plaift, que ie luy dife deux chofes fur ce point. L'vne eft, que nous croyons la vertu de ces Vierges plus grande encore & plus eminente, qu'il ne peut pas nous la figurer; L'autre eft, qu'il ne peut pas trouuer mauuais, fi ie luy dis qu'vn Docteur foupçonné dans fa foy, & conuaincu d'auoir fouftenu la doctrine de Ianfenius condamnée par le Pape, & par les Euefques de France, laquelle il defend encore, ne paffera iamais dans l'Eglife, pour vn garand fuffifant & foluable, de la foy des perfonnes qu'il a fous fa conduite, & fous fa di-rection particuliere.

CAR fi l'Eglife ne veut pas receuoir pour parains au Baptefme, des perfonnes foupçonnées d'erreur en la Foy; comment eft-ce qu'elle autorifera dans la preuue de l'integrité de la foy de quelques personnes, la caution d'vn Docteur, dont les Ecrits rendent la foy douteuse, & qui n'a pour but que d'en infecter tous les autres ?

LA seconde partie de cette *Lettre* est plus dangereuse que la premiere, & contient tout le venin de sa doctrine nouuelle, comme vn pot pourry de toutes les matieres, qu'ils ont dites & redites cent fois dans leurs Ecrits, quoy que dans vne autre maniere. Il s'estend fort à defendre Iansenius, sous le nom & sous l'autorité du grand saint Augustin, auec tant d'emportement, qu'il s'engage dans des maximes nouuelles, capables de renuerser les regles primitiues de l'Eglise.

SECTION VIII.
Seconde partie de la Lettre de M. Arnauld; & ce qu'elle contient.

Mais ayant preueu ces artifices, il y a desia quelque temps, ie les ay preuenus & détruits dans mon Liure intitulé, *Regles de saint Augustin*, où l'on trouuera vn plein éclaircissement sur toutes ces matieres; ce qui pourroit me dispenser d'y répondre à present. Il conclud enfin cette seconde partie, par où il deuoit commencer la premiere, s'il auoit eu autant d'amour pour l'integrité de sa foy, touchant l'vn des principaux mysteres de nostre croyance, qu'vne femme chaste & innocente accusée de plusieurs chefs, en a pour la defense de son honneur, par dessus toutes choses, lors qu'elle est soupçonnée de l'auoir violé.

C'EST CE qui fera l'ouuerture du premier des trois points, que ie me suis proposé de traiter dans cette *Response*, qui sont la Foy, la Discipline, & la Morale, (que Monsieur Arnauld nous vouloit enseigner dans sa *seconde Lettre*) pour refuter pleinement son Ecrit dans ce qu'il a de plus ferme, & de plus fort en apparence; & pour apprendre à ce Docteur, que la vraye maniere de combatre dans l'Eglise les Liures des Nouateurs, est de renuerser sur eux-mesmes, les colomnes sur lesquelles ils pretendoient fonder & appuyer leurs erreurs, & leurs principales maximes.

ARTICLE III.
SECTION I.
1. *Point de la Réponse de l'Auteur, touchant la foy de M. Arnauld.*

CERTES si Monsieur Arnauld eust esté aussi ialoux de

SECTION II.

B ij

l'integrité de ſa foy, que de ſa gloire & de ſa reputation,
qu'il s'efforce d'établir fortement dans le monde, par ſa
doctrine nouuelle ; il y a deſia long temps qu'il ſe ſeroit
purgé du ſoupçon raiſonnable, qu'il a donné de ſa foy,
dans le plus auguſte de nos myſteres, qui eſt comme le
mur principal qui ſepare depuis vn ſiecle les Caluiniſtes
d'auec nous ; puiſque l'ayant preſſé deux & trois fois
dans des ouurages differens, depuis quelques années, de
s'expliquer ſur quelques propoſitions qu'il auoit auan-
cées, touchant la realité du Corps & du Sang de Ieſus-
Chriſt, dans le S. Sacrement de l'Autel, il a fait la ſourde
oreille ; & qu'enfin ayant eſté preſſé de répondre, il ſe
defend trois ans aprés par de ſi foibles raiſons, qu'il faut
de deux choſes l'vne, ou qu'il deſeſpere de la bonté de ſa
cauſe, ou qu'il veüille bien que l'on croye, qu'il a vn ſentiment particulier touchant l'Euchariſtie.

    Il eſt vray que ce Declamateur s'efforce de couurir
cette ordure, ſous vn amas de fleurs de Rhetorique ; mais
il apprendra de ſaint Cyprien, que *lors qu'il s'agit de parler
de Ieſus-Chriſt & de ſes myſteres, & de s'en expliquer nettement, la pure ſincerité de la parole, ne doit point s'appuyer ſur
les forces de l'Eloquence, pour donner des preuues de ſa foy, mais
ſur les choſes.* Ce qui fait que nous luy demandons autre
choſe que des paroles.

    Il nous dit qu'il eſt Catholique en ce point, qu'il croit
en ſon cœur la tranſſubſtantiation comme la croit l'Egliſe ;
Et ie luy réponds qu'il ne ſuffit pas qu'vn Docteur accuſé, & conuaincu de nouueauté comme luy, ſoit Catholique en ſon cœur, s'il ne l'eſt encore en ſes Ecrits ; & que
l'Egliſe de tout temps, eſt en poſſeſſion de iuger de noſtre
interieur par noſtre exterieur, & des ſentimens de nos
cœurs par nos paroles, & plus encore par nos Ecrits.

    Car la parole eſt paſſagere, mais l'écrit demeure toû-
iours. Saint Pierre fut coupable pour auoir renié Ieſus-
Chriſt de parole, quoy que ſelon quelques Peres il ne le
renonçaſt pas dans le cœur : Et entre les premiers Chrê-
tiens qu'on expoſoit au martyre, quelques-vns de ceux

qui encensoient les Idoles , pour éuiter la violence des tourmens, estoient appellez Renegats, quoy que dans le cœur, & au fond de leur conscience, ils confessassent que Iesus-Christ estoit Dieu.

Celuy-là peut se plaindre des tourmens, disoit saint Cyprien à ce propos, *qui a esté vaincu par la force des tourmens; celuy là peut trouuer quelque excuse en la douleur, qui a esté vaincu dans le fort de la douleur. Car il peut dire pour ses raisons, que la delicatesse de sa chair luy a failly dans le combat; que la foiblesse de ses entrailles à demy déchirées, luy a fait perdre ses forces; que c'est enfin le corps & non pas le courage ny la foy, qui luy a manqué dans la douleur: Et cependant il passoit pour renegat, quoy qu'il fust traité plus doucement que les autres.*

Si donc en matiere de Foy, la bouche, la parole, & l'écrit, reuelent le fond du cœur, dans le iugement de l'Eglise, & mettent au nombre des *renegats* ceux qui ayant conserué la foy dans le cœur, l'ont violée par leur parole; que dira-t-on d'vn Docteur, qui iure & declare qu'il est Catholique, sur le point de la realité du Corps & du Sang de Iesus-Christ, dans le saint Sacrement de l'Autel, & qui n'auance dans vn grand Liure sur ce suiet, que deux Propositions, qui sont toutes deux defectueuses dans leur sens, & dans leurs termes, & qui au lieu de se retracter, ou de les corriger, quand il en est accusé & conuaincu, continuë encore à les defendre, & à dire *qu'il n'est iamais tombé en erreur,* & que ceux qui l'en accusent, *font vne horrible imposture;* Car ses iniures sont pour l'ordinaire ses plus fortes raisons contre nous.

Mais si c'est vne *imposture,* elle ne peut estre, ou qu'en ce qu'on luy attribuë vne proposition qui ne soit pas de luy, ou en ce qu'on dit qu'elle est Caluiniste; Et comme il n'a pas droit de se plaindre, ny de l'vn ny de l'autre de ces deux chefs, comme nous allons voir, il peut garder pour luy son *horrible imposture.*

Aprés tout, ie ne iuge point de l'interieur de Monsieur Arnauld, Dieu seul est le iuge des cœurs, comme il est le seul, qui les voit dans leurs replis les plus cachez.

B iij

S. Cyprian. lib. de lassis. Queri de tormentis potest, qui per tormenta superatus est , excusationem doloris obtendere, qui victus est in dolore. Potest dicere, &c. Caro me in colluctatione deseruit, infirmitas viscerum cessit; nec animus, sed corpus in dolore defecit.

Premiere Lettre, page 20.

Màis ie fouftiens que la propofition touchant l'Euchariftie, que nous nous contenterons d'examiner à prefent,
pour éuiter la longueur du difcours, eft purement Caluinifte ; & que comme il l'a publiée dans vn Liure, qui a
eu tant de cours par l'adreffe de fes amis, il eft maintenant obligé de la retracter par vn écrit public, pour empefcher que quelques Catholiques, ne foient induits au
Caluinifme, fous le pretexte d'vn Liure qui fe trouue entre
les mains de tout le monde. Voyons donc quelle eft cette
propofition, & cóment il la defend, lors qu'il en eft accufé.

Frequent. Commu.
3. part. chap. 7.

Elle eft conceuë en ces termes : *Comme l'Euchariftie eft*
la mefme viande que celle qui fe mange dans le Ciel, il faut
neceffairement que la pureté du cœur des Fideles qui la mangent
icy bas, ait de la conuenance & de la proportion auec celle des
Bien-heureux. Nous ne difons rien contre la premiere partie de cette propofition, pour ne pas perdre de temps dans
l'explication qu'elle merite ; mais nous difons que ce qui
fuit, & qui fe trouue regy par ces termes *il faut neceffai-*
rement, eft purement Caluinifte ; voicy fes paroles, *Et*
qu'il n'y ait autre difference, qu'autant qu'il y en a entre la foy
& la claire vifion de Dieu, de laquelle SEVLE *dépend la differente*
maniere, dont on le mange dans la terre & dans le Ciel.

Inconuen. du Ian-
fen. ar. 13.

Or entre la *foy* & la *claire vifion de Dieu* (ainfi que ie l'a-
uois remarqué dans les premiers *Inconueniens du Ianfenif-*
me contre Monfieur Arnauld) il n'y a point d'autre difference que l'obfcurité & la clarté, obfcurité dans la *foy,* clarté dans la *vifion :* Si donc (felon cet Ecriuain) *il faut necef-*
fairement, qu'il n'y ait point d'autre difference, entre la maniere
de manger I. C. fur la terre, & de le manger dans le Ciel,
que l'obfcurité de la *foy,* & la clarté de la *vifion,* toute autre
difference doit eftre exclufe ; que deuiendra donc la manducation orale du Corps de Iefus-Chrift en terre, que l'É-
glife nous enfeigne eftre vne difference effentielle, entre
la maniere de manger Iefus-Chrift fur la terre, & de le
manger dans le Ciel ? Car nous mangeons oralement &
de bouche Iefus-Chrift fur la terre dans la fainte Euchariftie, ce que les Anges & les Bien-heureux ne font pas.

Il eſt vray que Caluin ſouſtient, que nous ne mangeons icy bas Ieſus-Chriſt que par foy ſeulement, & non
pas oralement : Or la foy eſt obſcure, il en demeure d'accord; la viſion eſt claire, il ne le nie pas ; donc (ſelon cet
Heretique) *il faut neceſſairement qu'il n'y ait point d'autre
difference* entre la maniere de manger Ieſus-Chriſt dans
le Ciel, & de le manger ſur la terre, *qu'autant qu'il y en a,
entre la foy & la claire viſion.* Le voilà donc d'accord auec
Monſieur Arnauld en ce point, auſſi bien qu'Oecolampadius, qui parle à peu prés comme Monſieur Arnauld.

Car lors qu'il fait ſa confeſſion de foy ſur ce point à
l'vn de ſes amis, *Il m'importe peu,* luy dit-il, *quel vin &
quel pain on employe dans l'Euchariſtie, à moy qui cherche de
plus grandes choſes ; ie cherche des choſes plus releuées que le
pain & le vin, & plus efficaces pour repaiſtre & fortifier l'imbe-
cilité de mon ame: Or ces choſes ne ſont autres que le Corps meſme de Ieſus-Chriſt & ſon propre Sang, non pas la figure de ſon
Corps & de ſon Sang, mais le corps qui à eſté liuré à la Croix,
& qui a ſouffert pour mes pechez ; enfin celuy que les Anges
gouſtent ou mangent ſi delicieuſement dans le Ciel, & lequel
Corps Ieſus-Chriſt a promis de nous donner, & que meſme il
nous a donné en viande, non pas charnelle mais ſpirituelle.*

Nous voyons dans ce paſſage la fontaine & la ſource,
d'où Monſieur Arnauld a pû puiſer s'il a voulu ſon parallele dans ſa propoſition erronée : Car Oecolampadius
demeure d'accord de la manducation ſpirituelle de Ieſus-
Chriſt icy bas dans la terre, & de la manducation ſpirituelle du meſme Ieſus-Chriſt dans le Ciel par les Anges, & conſentira volontiers, que l'on diſe en ſuite, auec
Monſieur Arnauld, *qu'il n'y a point d'autre difference* entre
l'vne & l'autre manducation, *qu'autant qu'il y en a, entre la
foy & la claire viſion de Dieu,* de laquelle SEVLE dépend la differente maniere, dont on le mange dans la terre & dans le Ciel.
Et pourquoy ? parce (répondra Oecolampadius) que cette
propoſition exclud ſur la terre la manducation orale du
corps de Ieſus-Chriſt, qui eſt tout ce qu'il pretendoit,

Bucerus in retract.
inſerta 26. c. ſuper
Matth. Nihil ad
me (inquit Oeco-
lampadius) qui
maiora quæro,
qualis panis & vi-
num adhibeatur,
ſed requiro mira-
biliora quædam,
& ad imbecillam
mentem meam ſo-
lidandam effica-
ciora ; Illa autem
non ſunt niſi ip-
ſummet corpus &
ille ipſe ſanguis,
non figura corpo-
ris & ſanguinis,
ſed corpus quod
traditum eſt, &
paſſum pro pecca-
tis meis, atque id
quo Angeli in cœ-
lo delicatè fruun-
tur, quod Chriſtus
promiſit ſe datu-
rum, & dedit in
cibum non carna-
lem ſed ſpiritua-
lem.

lors que parlant des Anges, qui mangent Iesus-Christ dans le Ciel, il a donné suiet à Monsieur Arnauld de faire son beau parallele entre nous & les Anges, pour tromper la foy des simples.

SECTION III.
Response aux raisons de M. Arnauld.

IL est donc plus clair que le iour que la proposition de Monsieur Arnauld est purement Caluiniste, & qu'il n'y a point de Docteur Catholique pour subtil qu'il soit, qui puisse la purger de cette tache : Mais voyons si les raisons qu'il allegue pour sa defense, ne le rendent point plus coupable, puisqu'il ne veut point la retracter ny auoüer son erreur.

Seconde Lettre page 237.

Il allegue premierement que son Liure, dans lequel elle se trouue inserée, *est approuué par des Prelats & des Docteurs* : Et ie luy dis que tous les sages ont suiet de presumer, qu'elle a esté adioustée depuis l'approbation des Euesques & des Docteurs ; Et ce qui le prouue demonstratiuement, est qu'il n'y a pas vn seul Euesque en France, ny aucun Docteur Catholique, qui voulust souscrire ny soustenir cette proposition dans toute la plenitude de son sens, & dans les propres termes qu'elle est conceuë.

Page 238. Ecce panis Angelorum factus cibus viatorum.

Il dit en second lieu, que *ses paroles ne marquent autre chose* dans sa premiere proposition, *que ce que chante l'Eglise*, qui est que *le pain des Anges est deuenu le pain des hommes;* & ie luy replique que l'Eglise qui parle de la sorte, n'a iamais dit qu'il n'y *eut point d'autre difference*, entre la maniere de manger Iesus-Christ dans le Ciel, & de le manger sur la terre, *qu'autant qu'il s'en trouue entre la foy & la claire vision;* & c'est cela que nous reprenons en Monsieur Arnauld, & à quoy il n'a pû respondre; & au contraire l'Eglise a declaré Caluin heretique, parce que dans son erreur, il ne pouuoit admettre *d'autre difference*, entre ces deux differentes manducations, que celle qui se trouue *entre la foy & la claire vision.*

Seconde Lettre page 240.

Il adiouste pour troisiéme raison, *qu'il a pris pour fondement de son Liure, & des grandes dispositions requises à la Communion, la presence reelle de Iesus-Christ dans l'Eucharistie.* Et ie luy dis premierement que cela ne suffit pas, soit

par-

parce que les Heretiques demandent les mefmes difpofi-
tions, bien qu'ils ne croyent pas la tranſſubſtantiation, &
blâment la frequence de nos Communions, parce, difent-ils , qu'elle bleſſe le refpect qui eſt deu à Iefus-
Chriſt; foit parce qu'il auroit pû dire la mefme chofe de
fon Liure cenfuré *de la grandeur de l'Eglife Romaine*, qu'il
faifoit mine d'éleuer dans le titre de fon Liure, & par
quelques paſſages apparens, pour la détruire en effet par
fes plus fortes preuues.

2. Que les Nouateürs ne manquent iamais d'inſi-
nuer dans leurs Liures, des propoſitions comme contraires, pour pouuoir s'échaper de la cenfure, lors qu'ils fe
trouuent trop preſſez; c'eſt ce qu'a fait Ianfenius en cent
endroits, ainſi que nous l'auóns remarqué autre part.

3. Que ce qu'il allegue pour iuſtifier fa foy, eſt tiré
de fa *Preface*, & non pas du corps de fon Liure; & qu'ainfi
le Liure eſt coupable, fi fa *Preface* eſt innocente; quoy
que d'ailleurs ce qu'il en dit dans fa Preface puiſſe eſtre
expliqué de la Foy feulement. Et quant aux textes, qu'il
apporte pour preuues de fa croyance touchant la tranf-
fubſtantiation, il eſt à remarquer que par vn artifice de
Nouateur, les propoſitions qu'il auance, font tellement
ambiguës , & equiuoques fur ce fuiet, qu'on peut les
tourner dans vn fens Catholique, & dans vn fens Caluiniſte, quoy qu'elles panchent touſiours dauantage du
coſté de Geneue, que de Rome.

Car quand il parle de l'Euchariſtie, il dit touſiours que
Dieu mefme y eſt, ce qui trompe les fimples; car *Dieu* eſt
en toutes chofes; mais il ne dit iamais que le corps de
Iefus-Chriſt y eſt; non plus qu'il ne l'a point dit dans la
propoſition de fon Liure, que nous combatons & con-
uainquons d'herefie; Or la tranſſubſtantiation regarde le
corps de Iefus-Chriſt, & non pas fa diuinité, fi ce n'eſt
par concomitance feulement, c'eſt à dire par vn accom-
pagnement neceſſaire, qui fait que là où eſt le corps de
Iefus-Chriſt,là auſſi eſt fon ame & fa diuinité:Donc comme dans tous les textes qu'il allegue de fon Liure, pour

C

iuſtifier ſa foy, & paſſer pour Catholique, il ne marque point le paſſage ou la tranſition de la ſubſtance du pain au corps de Ieſus-Chriſt, & qu'il ne dit autre choſe, ſinon que *Dieu meſme y eſt*, que *Dieu eſt deuenu pain*, il s'enſuit qu'on a pû dire tres-iuſtement dans le Louure , qu'on doutoit de la foy de Monſieur Arnauld touchant la tranſ-ſubſtantiation, puiſqu'elle ne ſe fait que de la ſubſtance du pain au corps de Ieſus-Chriſt , & non pas à la diuinité de Ieſus-Chriſt, ou à Dieu meſme.

Enfin dans les quatre textes qu'il allegue ſur ce ſuiet, les trois premiers ne reconnoiſſent dans l'Euchariſtie que *Dieu meſme renfermé inuiſiblement ſous les eſpeces viſibles*; le quatriéme ne dit rien ; mais il n'y en a pas vn ſeul, qui parle du changement de la ſubſtance du pain au corps de Ieſus-Chriſt; c'eſt à dire, que ſi la nouueauté du Ian-ſeniſme euſt mieux rencontré à Rome, qu'elle n'a pas fait, elle auoit vn beau moyen, pour reſſuſciter le Cal-uiniſme touchant l'Euchariſtie, par la Preface de Mon-ſieur Arnauld, qui n'a point eſté veuë des Approbateurs de ſon Liure ; & par la propoſition Caluiniſte, que nous combatons contre luy.

Mais parce qu'il iugeoit bien, qu'il pourroit eſtre ac-cuſé d'erreur dans ce myſtere, par les bons Catholiques, il auoit forgé ces propoſitions ambiguës, comme vne table d'attente capable de le ſauuer du naufrage ; la-quelle toutefois luy eſt maintenant inutile, car elle fait eau de toutes parts, par la fourbe de ce Docteur, que nous auons ſi clairement éuentée: Et puis qu'il nous vienne dire, que le Port Royal eſt *vne retraite ſainte, d'où les dé-guiſemens, les fauſſetez, & les equiuoques ſont bannies?*

4. Qu'vne propoſition Catholique ne fait pas qu'vne autre propoſition heretique en elle-meſme, & dans ſon indiuidu, ne demeure touſiours heretique en elle-meſ-me ; & qu'ainſi il eſt obligé de la retracter, puiſqu'il eſt accuſé & conuaincu de l'auoir auancée, s'il veut paſſer pour Catholique en ce point.

Il obſerue enfin, qu'il n'a pas dit *que les Anges man-*

2. Lettre page 240. & 241.

2. Lettre page 9.

2. Lettre page 239.

gent tout ce que nous mangeons sur la terre; Et ie luy replique qu'il ne fait autre chofe dans cette defenfe, que ce que feroit le criminel, lequel accufé d'auoir coupé le bras droit à vn pauure Mercenaire, diroit pour fa décharge, qu'il luy a laiffé le bras gauche. Car qui doute qu'on ne puiffe multiplier les erreurs, dans vne feule & mefme propofition, par l'addition de quelques termes; & que les Anges n'ont point de bouche, pour manger vne chofe corporelle & materielle, telle qu'eft l'Euchariftie? Mais nous luy reprochons d'auoir dit, que la *difference* qui fe trouue entre la *foy* & la *claire vifion*, eft la *feule difference*, (remarquez ce terme de SEVLE, qui eft exclufif de toute autre difference) *qui fe trouue entre la differente maniere de manger Iefus-Chrift dans la terre & dans le Ciel.*

MAIS fi Monfieur Arnauld dans la propofition alle-guée, a bleffé Iefus-Chrift dans le faint Sacrement de l'Autel, il l'outrage encore dauantage en fa perfonne, lors que dans fa premiere *Lettre*, il le fait moindre que le faint Efprit, ainfi que le Reuerend Pere Annat Confef-feur du Roy, l'a fi iudicieufement remarqué, que tous les Doctes qui voyoient la foy de Monfieur Arnauld of-fenfée par cette atteinte mortelle, eftimoient qu'il deût dans fa *feconde Lettre*, pour repouffer cette iniure, remuër toute l'Antiquité, feüilleter les Conciles & les Peres, & déterrer tous les anciens Scolaftiques, pour fe lauer de ce crime. Mais ils ne fçauoient pas que fa plume eft refer-uée à de plus grandes chofes, & qu'elle eftoit taillée, non pas pour fe purger de cette erreur, mais pour répondre à celuy, qui a dit contre luy trois chofes capitales: la pre-miere, que le *Port Royal eftoit vn mot de magie* pour quel-ques-vns: la feconde, qu'il *renonçoit volontiers aux brode-ries de la marge*: & la derniere, qu'il *aimoit mieux eftre le moindre Bourgeois de Lacedemone, que le plus grand Cala-moüoas ou crieur par écrit de la France;* & qu'en fuite il deût fe vanter hardiment, *d'auoir refuté dans les écrits faits contre luy*, toutes *les chofes les plus fortes, & d'auoir obmis les plus faciles.*

SECTION IV.
Seconde erreur de M. Arnauld touchant l'égali-té des perfonnes diuines.

2. *Lettre de M. Ar-nauld page 8.*

2. *Lettre dans l'A-uis au Lecteur.*

Aprés tout, nous pouuons dire, que si le Confesseur du Roy a sagement remarqué cette erreur en la Foy, dans la premiere *Lettre* de Monsieur Arnauld, ce bon Docteur l'a encore plus sagement teuë & dissimulée dans sa seconde *Lettre*; Peut-estre qu'il est de serment de ne point répondre à ce qui luy ferme la bouche, comme il paroist dans la suppression qu'il a faite de ma *Response à sa premiere Lettre*.

Enfin le Pere Annat reprend M. Arnauld d'auoir mis dans sa premiere *Lettre* vne heresie contre la diuinité de I.C. ce qu'il prouue en ces termes: *Car, dit-il, M. Arnauld prouuant l'inégalité du blaspheme commis contre le S. Esprit entant qu'il est* la Charité mesme, *& du blaspheme commis contre* Iesus-Christ, *entant qu'il est* la Sagesse & la Verité eternelle, *par la difference de leurs obiets; il faut necessairement que Monsieur Arnauld suppose que ces obiets sont inégaux; & qu'ainsi* Iesus-Christ *entant que* Sagesse & Verité eternelle, *est moins adorable que le* S. Esprit, *entant qu'il est la charité mesme, & le lien sacré, qui vnit ensemble tous les membres de l'Eglise.* Que si vous voulez sçauoir quelle est la réponse de Monsieur Arnauld ce grand Catholique, à vne accusation de cette importance, il ne dit rien, il garde vn silence respectueux, pour s'emporter sur des matieres cent fois dites & redites, dont il ne s'agissoit nullement dans les Ecrits qui paroissoient contre luy. C'est ainsi qu'en ont vsé les Nouateurs, lors que les Docteurs Catholiques les ont pressez de trop prés; d'où vient que saint Athanase les compare *à des Anguilles, qui s'échapent & se dérobent des mains, lors qu'on les serre le plus.*

La troisiéme heresie qui se trouue dans la seconde Lettre de Monsieur Arnauld, est à son ordinaire embarassée, & cachée dans les enueloppes de quelques termes elegans, pour surprendre les simples ; ce qui m'oblige de la déuelopper pour la rendre plus claire & plus intelligible. Voicy donc ce qu'elle dit: *Cette grande verité establie en l'Euangile, & attestée par les Peres, qui nous moustre vn iuste . . . . . . à qui la grace, sans laquelle on ne*

Pere Annat en la Resp. à la 20. Demande.

S. Athanas. apud Feuard. Comment. in cap. 52. Irenai.

SECTION V.
Troisiéme erreur de M. Arnauld, par laquelle il redresse la premiere des cinq Propositions censurées.
2. Lettre page 226.

peut rien, a manqué, est deuenuë tout à coup l'heresie de Caluin.

Ie dis en premier lieu, que cette proposition est heretique pour deux raisons : l'vne est, que le Pape dans sa Bulle l'a condamnée d'heresie, lors qu'en condamnant la premiere des cinq propositions censurées, qui dit, que *quelques commandemens de Dieu sont impossibles aux hommes iustes, &c. Et que la grace leur manque par laquelle ils soient rendus possibles :* le Pape parle en ces termes de cette proposition : *Nous la declarons temeraire, impie, blasphematoire, condamnée d'anatheme, & heretique ; & comme telle nous la condamnons.* D'où il s'ensuit que de dire auiourd'huy auec Monsieur Arnauld, que *la grace sans laquelle on ne peut rien, manque au iuste,* est parler en heretique.

Constit. 31. *Maij* 1653. Aliqua Dei præcepta hominibus iustis, &c. sunt impossibilia, deest quoque illis gratia quâ possibilia fiâr, temerariam, impiam, blasphemâ, anathemate damnatam & hæreticam declaramus, & vti talem damnamus.

L'autre est, que Monsieur Arnauld nous a dit trente fois dans sa *premiere & sa seconde Lettre,* qu'il condamne *les cinq propositions comme heretiques,* & qu'*il condamne les heresies que le Pape a condamnées :* Or le Pape condamne d'heresie celuy qui dit, que *la grace par laquelle les commandemens sont rendus possibles, manque par fois au iuste, lors qu'il fait tout ce qu'il peut pour accomplir le precepte.* D'où il s'ensuit que Monsieur Arnauld se condamne luy-méme d'heresie, en condamnant auec le Pape ce que le Pape condamne d'heresie.

1. *Lettre page* 20. 2. *Lettre page* 139.

Ie dis en second lieu, que Monsieur Arnauld ne pouuoit pas faire vne plus grande iniure au Pape, que de dire comme il fait dans sa proposition heretique, que *cette grande verité qui monstre vn iuste, à qui la grace a manqué, est deuenuë l'heresie de Caluin ;* Car c'est noter particulierement la Bulle du Pape d'vne erreur intolerable, & luy dire, qu'il a mis vne des plus grandes veritez de l'Eglise, dans l'ordre des *erreurs de Caluin,* lors qu'il a prononcé, que cette proposition auoit esté *desia frapée d'anatheme,* c'est à dire dans le Concile de Trente.

En troisiéme lieu, la proposition de Monsieur Arnauld n'est pas seulement declarée *heretique,* mais *impie, &*

blaſphematoire; d'où il eſt euident, que l'Auteur de cette propoſition doit paſſer dans l'Egliſe pour vn *herètique*, pour vn *impie*, & vn *blaſphemateur*, qui ſont les trois beaux titres que Monſieur Arnauld ſemble affecter, pour les ioindre à ſa qualité de *Docteur*, en ſuite de ſa belle & elegante propoſition.

Enfin ſi cette propoſition eſt *heretique, impie, & blaſphematoire*, comme les Catholiques, & tous ceux qui reçoiuent la Bulle, n'en peuuent pas douter, Monſieur Arnauld eſt le chef de cette erreur; & partant eſt *hereſiarque, impie, & blaſphemateur*. Ie le prouue par luy-méme; car il auouë que *les cinq propoſitions cenſurées ſont heretiques*, il dit encore qu'*elles ne ſont pas de Ianſenius, & qu'il ne les a point leuës dans ſon liure*. Or la propoſition qu'il auance pour vne *verité Euangelique*, que *la grace manque par fois au iuſte* (ce qui ſe doit entendre lors qu'il fait ce qu'il peut, pour accomplir le precepte auquel il eſt obligé) eſt condamnée *d'hereſie, d'impieté & de blaſpheme*, par la Bulle dans la premiere des cinq propoſitions cenſurées : Donc puiſque ſelon Monſieur Arnauld cette premiere propoſition condamnée ne ſe trouue pas dans Ianſenius, & qu'elle ſe trouue dans la *ſeconde Lettre* de Monſieur Arnauld; il faut par vne conſequence neceſſaire, que ce venerable Docteur ſoit *hereſiarque, impie, & blaſphemateur*, s'il ne retracte ou n'efface de ſa *ſeconde Lettre*, la propoſition que nous combatons contre luy.

Bien que ces choſes puſſent ſuffire pour faire rougir vn front d'airain, ie ne puis toutefois m'empeſcher que ie ne découure icy la malice du ſophiſme, ſur lequel Ianſenius, & Monſieur Arnauld aprés luy, ont entrepris de fonder cette fauſſe & nouuelle maxime, qui dit que *la grace manque par fois au iuſte*, lors meſme qu'il doit accomplir le precepte, *& qu'il fait ce qu'il peut* pour éuiter le peché, qui ſe trouue dans la tranſgreſſion du precepte.

Car l'argument ſeul & fondamental, ſur lequel ils ſe font appuyez, ſe reduit à cette preuue. La grace a man-

1. *Lettre page* 20. *Reſp. au Pere Annat dans l'Auant.* 2. *Lettre page* 150.

qué à saint Pierre, lors qu'il estoit obligé de mourir pour
Iesus-Christ, & qu'il vouloit mourir pour luy ; Or saint
Pierre estoit iuste, donc la grace necessaire pour accomplir le precepte manque par fois au iuste, dans le temps
mesme qu'il s'efforce de l'accomplir.

Or ie dis que la maieure de cet argument est fausse ;
car tant s'en faut que saint Pierre eust receu pour lors le
commandement de mourir pour Iesus-Christ, qu'au
contraire Iesus-Christ luy auoit defendu de mourir, selon saint Augustin, ainsi que ie l'ay demonstré dans la
Refutation des principes de Iansenius, qui se trouuera en
suite du Liure des *Regles de saint Augustin*, qui doit bientost paroistre.

La mineure de ce mesme argument est encore plus
fausse, car saint Pierre pour lors n'estoit ny iuste, ny saint,
dans la doctrine de saint Augustin ; ce que i'ay crû estre
obligé d'expliquer, ayant veu que cette fourbe a si bien
reussi aux Iansenistes, qu'elle s'est échapée aux yeux
de quelques Sçauans, qui n'y ont pas fait de reflexion, &
a trompé tous les autres ; car qui ne croiroit cet Apostre
iuste, quand on le nomme Saint ?

Si donc la maieure & la mineure de ce sophisme sont
fausses, la consequence en est fausse pareillement. Il est
donc faux, selon saint Augustin, que la grace manque par
fois au iuste, dans le temps qu'il fait ce qu'il peut pour
accomplir le precepte, puisque toutes les preuues de ces
deux sophistes, ie veux dire de Iansenius & de Monsieur
Arnauld, ne sont appuyées que sur le seul exemple de
saint Pierre, qu'ils ont dit estre iuste & saint (selon saint
Augustin) auant qu'il reniast Iesus-Christ.

Or demandons à saint Augustin si cet Apostre estoit
saint & iuste pour lors : Car si c'est estre saint, dans la
doctrine de ce Pere, que d'estre vn illustre entre ceux,
qui presument d'eux mesmes & de leurs propres forces, cet Apostre estoit saint ; & par vne suite necessaire, les Pelagiens ont esté de grands Saints, car ils
estoient des *illustres presomptueux*, qui ne se confioient

Auguſt. epiſt. 120. *ad Honorat.* Ex egregio præsumptore tam creber negator effectus est.

Auguſt. tract. 66. *in Ioan.* Quantum sibi assumpserat Petrus,

qu'en leurs forces : *Sçachez* (dit S. Auguftin) *que fi cet Apoftre renia fon maiftre tant de fois, c'eft parce qu'il eftoit vn illuftre prefomptueux. Voyez* (dit-il ailleurs) *combien il prefumoit de foy-mefme, confiderant ce qu'il vouloit, & ignorant ce qu'il pouuoit. Hé quoy donc Pierre! luy dit I. C. tu peux me deuancer au fupplice, toy qui ne peux pas me fuiure? D'où vient que tu prefumes tant de toy mefme? Quelle eftime as-tu de tes forces? Ecoute donc & entend ce que tu es? Ie te dis en verité que tu me renieras par trois fois, auant que le cocq ait chanté.*

Si c'eft eftre iufte & faint, dans la doctrine de S. Auguftin, que d'eftre vn *temeraire,* & fe confier en fes feules forces, fans le fecours de la grace de Dieu, Pierre eftoit iufte & faint, & les Pelagiens ont efté de grands Saints, & non pas des heretiques : *Mes tres-chers freres,* dit ce S. Pere dans l'vn de fes fermons, *efperons toiours au Seigneur, & ne prefumons iamais rien de nous fans le fecours de fa grace; Car vous n'ignorez pas ce que S. Pierre auoit temerairement promis à Iefus-Chrift en ces paroles, Quand bien tous les autres feroient fcandalifez, & vous abandonneroient, ie ne vous quitteray point. Voyez ie vous prie la réponfe de ce difciple, & confiderez bien que ce qu'il difoit, procedoit de l'amour qu'il auoit pour fon maiftre; mais parce qu'il n'appuyoit & ne fondoit fa promeffe que fur fon propre amour, fans y ioindre l'aide & le fecours de la grace, fans laquelle on ne peut rien, il n'a pû comme homme, & de fes propres forces, ce qui dépendoit de la grace de Dieu.*

Si c'eft eftre iufte & faint, dans la doctrine de faint Auguftin, que d'eftre arrogant & fuperbe, & de s'attribuer le pouuoir de faire les œuures les plus hautes & les plus difficiles fans le fecours de la grace, ce difciple eftoit iufte & faint auant fon reniement: Car ce faint Pere parlant des arrogans & des fuperbes contre les Pelagiens, il place ce difciple en l'ordre des arrogans & des prefomptueux, remarquant qu'*il auoit dit luy-mefme à Iefus-Chrift dans l'abondance de fon cœur, Ie donneray ma vie pour vous, s'attribuant à foy-mefme par vne precipitation*

cipitation indiscrette ce que Dieu luy vouloit donner en vn autre temps, c'est à dire la grace du martyre.

Mais dites-nous, saint Augustin, est-il croyable que
le peché manifeste de S. Pierre n'ait point esté prece-
dé d'vn peché occulte & caché, qui ait deuancé en cet
Apostre chef de tous les autres, ce crime public qui
fait trembler tous les fideles, & qui luy cousta tant de
larmes, que ses iouës en furent cauées?

Tant s'en faut, nous dit ce S. Pere, que la chose
soit ainsi, qu'au contraire *toute cheute qui se fait publiquement & à la veuë de tous, est precedée par la ruine & la cheute occulte & interieure qui se fait auparauant. Ce qui fait que
i'ose dire aux superbes, qu'il l'eur est vtile de tomber dans quelque grand peché manifeste & public, afin que ceux qui estoient
tombez par la complaisance qu'ils auoient prise en eux mesmes,
commencent à se déplaire : d'où vient que S. Pierre se displust
à soy-mesme plus salutairement lors qu'il pleura son peché, qu'il
ne s'estoit pleu en soy, lors qu'il presuma de soy-mesme.*

Aug. lib. 14. de Ciuit. Dei cap. 13. Illa prorsus ruina quæ fit in occulto, præcedit ruinam quæ fit in manifesto, &c. Et ideo audeo dicere, superbis esse vtile cadere in aliquod apertum manifestúmq; peccatum, vnde sibi displiceant, qui iam sibi placendo ceciderant; salubriùs enim Petrus sibi displicuit quando fleuit, quàm sibi placuit quando præsumpsit.

Enfin si c'est estre iuste & saint, que d'estre vn auda-
cieux, que de presumer beaucoup de soy-mesme, & ne
s'appuyer dans les choses les plus difficiles de la Loy de
Iesus-Christ, comme de mourir pour luy, que sur les
forces de son libre arbitre, sans le secours de la grace,
ce disciple de Iesus-Christ estoit iuste & saint, auant
qu'il eust renié son maistre.

Si au contraire c'est vn grand peché, cet Apostre de-
uint vn grand pecheur, & comme le premier des *Pelagiens*, lors qu'il promit tant de fois à Iesus-Christ, qu'il
mourroit pour la defense de son nom : Car il ne se fioit
qu'en soy-mesme, & aux seules forces de son libre arbitre, sans l'aide de la grace. *Si vous voulez connoistre
(dit S. Augustin) ce que l'homme peut sans la grace de Dieu,
la crainte de S. Pierre Apostre vous le monstre euidemment ;
car par les seules forces de son libre arbitre, sans mesme y ioindre le secours de la grace de Dieu, il auoit promis de mourir
pour Iesus-Christ.*

Aug. serm. 124. de temp. Quid homo sine Dei gratia potest, timor B. Petri Apostoli euidenter ostendit, per solum enim liberum arbitrium non addito etiam Dei adiutorio præsumpserat se pro Domino moriturum.

Qu'est donc deuenuë (dit-il autre part) l'audace & la

Tract. 113. in Ioan.

D

temerité de ce grand prometteur, & qui presumoit tant de soy-mesme? Qu'est deuenu le faste de ces fieres paroles, lors qu'il disoit: Pourquoy ne pourray-ie pas vous suiure à present? ie donneray ma vie pour vous.

Il est donc faux, Monsieur Arnauld, que S. Pierre fust iuste, dans saint Augustin, auant que de renier Iesus-Christ. Il est faux que la maxime que vous auancez dans vostre *seconde Lettre*, quand vous dites que *la grace manque au iuste en la personne de S. Pierre*, soit vne *grande maxime de l'Euangile attestée par les Peres*, puisque S. Augustin vous dément, & que ce Pere disputant contre Fauste, accuse mesme d'vne violence criminelle l'action de S. Pierre, lors qu'il frapa Malchus; & compare ce peché au peché de Moïse, lors qu'il tua l'Egyptien, & au peché de S. Paul, quand il persecutoit les Chrestiens.

Et d'ailleurs S. Chrysostome que vous auez allegué, ne dit pas que S. Pierre fust iuste auant que d'auoir renié Iesus-Christ; au contraire il l'accuse d'arrogance, & d'auoir contredit à son maistre auec opiniastreté. Ecoutons S. Chrysostome au mesme lieu: *Que dites-vous Pierre, à celuy qui vous dit que vous ne pouuez pas? vous dites que vous le pouuez; & lors qu'il vous dit que vous ne pouuez pas le suiure, & que vous le renierez, vous professez hautement le contraire que vous le pouuez suiure, & que vous ne le renierez point; de sorte (conclud ce Pere) que ce disciple estant tombé dans l'arrogance, & contredisant Iesus-Christ dans les choses qu'il luy disoit, il est auerty de sa grande fragilité.*

Ie dis donc en suite de tant de textes cy-dessus alleguez de S. Augustin, pour monstrer que S. Pierre n'estoit pas iuste auant qu'il reniast Iesus-Christ, qu'il faut que M. Arnauld soit ou ignorant ou malicieux; ignorant, s'il ne les a iamais leus dans S. Augustin; malicieux, si les ayant leus & entendus, il les a teus & dissimulez, pour establir sur S. Augustin vne maxime heretique, directement contraire & opposée à la doctrine de ce S. Pere.

MAIS ſi M. Arnauld eſt aſſez humble pour retraƈter la premiere des cinq Propoſitiõs, qu'il a renouuellée dans ſon Liure, ie prie Dieu de tout mon cœur, qu'il luy donne aſſez de grace & de ſoûmiſſion, pour retraƈter encore vne autre propoſition, par laquelle il pretend redreſſer toute la doƈtrine condamnée du Liure de Ianſenius ; car lors que les Ianſeniſtes ont fait eſtat aux pieds du ſaint Siege de ſe reſſerrer, & d'enclorre toute leur doƈtrine comme dans vn ſeul point, ils ſe ſont renfermez dans la ſeule *neceſſité de la Grace efficace par elle-meſme* (au ſens particulier qu'ils l'expliquent) qu'ils ont dit (comme fait encore auiourd'huy Monſieur Arnauld dans ſa *ſeconde Lettre*) eſtre *le ſeul & vnique point, auquel les Diſciples de ſaint Auguſtin ont toûiours reduit toute la doƈtrine Catholique qu'ils ſouſtiennent, &c. comme il ſe peut voir par la lecture du Liure, &c. intitulé, de la Grace victorieuſe.* Ce ſont là les paroles de Monſieur Arnauld.

SECTION VI.
Quatriéme erreur, en ce qu'il ne reconnoiſt que la ſeule grace efficace par elle-meſme, au ſens qu'il l'entend.

2. Lettre page 155.

Or ce ſeul point bien entendu, comprend toutes les cinq Propoſitions, ainſi qu'ils l'ont declaré dans leur *cahier à trois colomnes* en ces termes : *la grace efficace par elle-meſme, auec laquelle les ſuſdites propoſitions ſont coniointes & vnies par vn lien inuiolable & indiſſoluble;* ce qui fait voir plus clair que le iour la fourbe de Monſieur Arnauld, quand il dit qu'il *condamne les cinq Propoſitions d'hereſie,* puiſqu'en voulant redreſſer la *grace efficace par elle-meſme* dans le ſens particulier qu'il luy a toûſiours donné, & par lequel il exclud toute autre *grace de Ieſus-Chriſt,* il renouuelle les cinq Propoſitions cenſurées.

Dans le cahier intitulé, Diſtinƈtions *abregées des cinq Propoſitions, vers la fin.*

Et pour en donner vne preuue demonſtratiue, faiſons l'application de cette ſeule *grace efficace par elle meſme,* à la premiere des cinq Propoſitions cenſurées, en la maniere qu'elle eſt condamnée par le Pape. Car s'il eſt vray que le Pape n'ait point reconnu d'autre grace de Ieſus-Chriſt que la *ſeule grace efficace par elle meſme,* ainſi que Monſieur Arnauld le pretend; il faut que la cenſure du Pape, qui condamne d'hereſie celuy qui dit, que *la grace requiſe pour accomplir le precepte, manque par fois au iuſte,* dife auffi par vne fuite neceffaire, que *la grace efficace par elle mefme* ne manque iamais au iufte, & qu'ainfi il ne pêche iamais, car elle a toufiours fon effet ; ce qui eft vne herefie condamnée en la perfonne de Caluin : de forte que le Pape en voulant détruire l'vne des herefies du Ianfenifme, auroit mis entre les regles de la Foy, l'vne des herefies les plus remarquables d'entre les erreurs de Caluin. Ce qui eft vn horrible blafpheme en la bouche de Monfieur Arnauld.

Et c'eft là ce qui caufe vn fi grand eftonnement à tous les fages, par la haute temerité de l'entreprife de cet Ecriuain, qui eft de renouueller toutes les propofitions condamnées, que tous les doctes ont efté confus pluftoft que furpris, de la confufion, dans laquelle cet Auteur deuroit s'abifmer, lors qu'il a le front de dire dans fes deux *Lettres*, qu'*il condamne d'herefie, ce que le Pape a condamné d'herefie* : & plus encore lors qu'il appelle le ciel & la terre à témoins de la fincerité de fes paroles, & de fa veritable foumiffion au S. Siege.

Car quand il a parlé de cette *grace efficace par elle méme* dans fes *Apologies*, & principalement dans l'*Apologie pour les faints Peres*, où il a combatu ouuertement la *grace fuffifante*, dans fes Libelles depuis la Bulle, & dans fa *feconde Lettre*, il entend exclurre toute *grace fuffifante*, ou pluftoft pour m'expliquer plus clairement, il ne reconnoift point de *grace fuffifante*, qui par elle méme foit diftincte de l'*efficace*, & dont l'effet foit empefché par noftre propre refiftance : Mais aprés auoir combatu cette *grace fuffifante*, & l'auoir voulu faire paffer pour vne chimere, felon la doctrine de Ianfenius, il donne dans fa *feconde Lettre* le nom de *grace fuffifante* à la mefme *grace* qu'il appelle *efficace par elle mefme*, pour tromper les fimples fous ce nom de *fuffifante* qu'il luy attribuë quelque fois : En vn mot il veut dire qu'on ne doit point dans l'Eglife reconnoiftre d'autre *grace* de Iefus-Chrift, que celle qui eft *efficace par elle mefme*, c'eft à dire qui eft toufiours fuiuie de fon effet.

D'où il paroist euidemment qu'il remet sur pied la premiere & la seconde heresie condamnées par le Pape dans sa Bulle, lors que parlant de la seconde proposi-tion, qui est conceuë en ces termes : *Dans l'estat de la nature corrompuë, on ne resiste iamais à la grâce interieure :* le Pape dit : *Nous la declarons heretique, & comme telle nous la condamnons ;* nous monstrant par cette censure que c'est estre heretique, que de dire qu'on *ne resiste iamais à la grace interieure,* ou qu'on *ne la reiette iamais.*

Constit. 3. Maÿ 1653. Interiori gratiæ, &c. nunquam re-sistitur, hæreticam declaramus, & vti talem damnamus.

Mais comme la condamnation de la proposition de M. Arnauld par le second Canon de cette Bulle, est euidente aux yeux de tous ; & que le Liure *de la Grace victorieuse,* dans lequel on auoit auancé la mesme proposition que Monsieur Arnauld renouuelle auiourd'huy dans sa *Lettre,* a esté censuré par le *Decret* du Pape *du 23. Auril 1654.* cer-tes elle est bien plus digne d'anatheme, que de response ; ce qui fait que ie ne m'y arreste pas dauantage, pour pas-ser à d'autres choses, qui par leurs mauuaises suites, sont encore de plus grande consequence que cette erreur.

Ne dites donc plus, Monsieur Arnauld, parlant des nostres, que lors qu'ils vous blasment & *accusent* les vô-tres *d'erreurs contre la foy, sans marquer* (dites-vous) *en particulier quelles sont ces erreurs contre la Foy, parce qu'on sçait bien que vostre réponse feroit voir qu'eux & vous n'auez aucuns sentimens particuliers, mais les seuls sentimens Catho-liques de l'Eglise & des SS. Peres, dont peut-estre vous auez pris plus de peine de vous instruire, que ceux qui vous feroient ces questions ; c'est témoigner qu'on ne cherche que des pretex-tes, pour contenter sa passion, & non point des éclaircissemens, pour s'informer de la verité ; c'est agir enuers des Prestres de Iesus-Christ, comme les Iuifs ont agy enuers Iesus-Christ mesme :* Et qu'enfin nous *n'auons pû marquer en détail au-cune erreur dans la Foy, qui soit soustenuë par ceux que nous appellons* Iansenistes.

2. Lettre page 133. & 134.

Car vous voyez, Monsieur, *quelles sont les erreurs en particulier* dont nous soupçonnons vostre foy, & que ces erreurs sont si considerables, que vous estes maintenant obligé de les retracter par vn écrit public, si vous voulez qu'on vous tienne pour Catholique, & soumis sincerement au S. Siege, dont vous vous efforcez d'annuller les Decrets, en redressant, comme vous faites dans voltre *seconde Lettre*, les cinq Propositions qu'il a condamnées d'heresie.

Enfin, Monsieur, *si au lieu de corriger vos erreurs pernicieuses, vous continuez à les defendre* (comme dit S. Augustin) vous ne pouuez pas ignorer que ce S. Pere ne vous condamne d'heresie, puisque vous en auez vous mesme cité le passage, tant vous estes iudicieux, où il marque entre autres choses (& c'est ce que vous deuez bien obseruer) *que par l'opiniastreté de voltre defense, vous sortez vous mesme de l'Eglise, pour vous mettre au rang de ses ennemis declarez & animez à sa perte*, sans que personne vous force d'en sortir. C'est aussi ce qui oblige les nostres de vous considerer comme des heretiques, qui se sont volontairement retirez de l'Eglise, si vous ne corrigez ou ne retractez vos erreurs. Et ne nous dites point qu'il faut attendre que voltre Archeuesque vous ait interrogé, conuaincu, & condamné, auant que de vous considerer vous & les voltres comme retranchez de l'Eglise, puisque selon saint Augustin, *celuy dont l'esprit rebelle s'oppose à la verité, par laquelle il est repris & conuaincu, est retranché de l'Eglise, auant mesme qu'il soit excommunié visiblement.*

Et parce, Monsieur, que vous auez dit dans vos deux *Lettres*, que *vous estes vnis à l'Eglise par tous les liens sacrez*, (ce que nous verrons en son lieu) trouuez bon que par auance S. Augustin vous dise pour nous, ce qu'il aioûte en suite du dernier texte que nous venons d'alleguer, où parlant de ces esprits mutins & rebelles qui s'opposent à la verité, *Il y en a*, dit-il, *beaucoup de cette qualité dans la communion des sacremens auec l'Eglise*, c'est à dire auec les fideles, *& qui toutefois ne sont desia plus de l'Eglise.*

Prenez garde, Monsieur, que vous ne soyez de ce

Aug. lib. 18. de Ciuit. Dei cap. 5. Si sua mortifera dogmata emendare nolunt, sed defensare persistunt, hæretici fiunt, & foras exeuntes, habentur in exercentibus inimicis.

2. Lettre page 21. & ailleurs.

Aug. lib. de vnit. Eccl. cap. vlt. Sic & antequam visibiliter excommunicatur, quisquis contra veritatem qua conuincitur & arguitur, inimicum gestat animum, iam præcisus est.

1. Lettre page 12. 2. Lettre page 38.

August: ibid. Multi tales sunt in Sacramentorum communione cum Ecclesia, & tamen iam non sunt de Ecclesia.

nombre auec tous les voftres, quoy que vous nous alleguiez dans voftre Lettre, que voftre Archeuefque ne vous a point encore condamnez ; puifque felon l'vne de vos maximes, que nous allons examiner, *S. Auguftin l'a dit, il le faut croire.* Car fi cette maxime eft abfolument veritable, vous & vos amis eftes retranchez de l'Eglife, & vous meritez qu'on vous traite en excommuniez.

Que fi vous me demandez quelle eft donc la raifon pour laquelle l'Eglife retranche de fes membres ceux qui infectez de l'erreur perfiftent à la defendre, puifqu'ils en font defia retranchez : ie vous répondray par le méme faint Auguftin, que l'Eglife par cette excommunication exterieure, *comme par vne efpece de mifericorde diuine, pouruoit à la feureté de plufieurs d'entre les fideles qui fuiuent ces heretiques, fous pretexte qu'ils les voyent dans la communion des Catholiques.*

Aug. lib. de peccat. orig. cap. 17. Multis mifericordia diuina eft confultum, qui eos propterea fectabantur quia Catholicæ communioni videbant effe fociatos.

Le cinquiéme point dans la Foy, qui fe trouue intereffé dans la *feconde Lettre* de ce Docteur, eft en ce qu'il veut reffufciter la doctrine de Ianfenius, condamnée par le faint Siege, dans les cinq Propofitions cenfurées ; car c'eft l'vne des fins principales qu'il s'eft propofées dans fon dernier Ecrit. Et comme les moyens participent à l'influence de la fin, pour laquelle ils font preparez, il s'eft aduifé d'vn moyen pire encore mille fois, du moins par fes fuites & fes confequences dangereufes, que n'eft la fin qu'il s'eftoit proiettée. Car bien qu'on puiffe dire fans herefie en quelques rencontres, que la queftion du droit dans les chofes de la Foy, fe peut reduire au fait, & que le Pape & le Concile peuuent *fe tromper dans le fait ;* Si eft-ce que cette maxime, au fens que Monfieur Arnauld s'efforce de l'eftablir en ce lieu, ne prouue rien, parce qu'elle prouue trop, & eft d'vne confequence fi perilleufe, dans le cas dont il s'agit, & dans fes circonftances, (remarquez ce que ie dis) que fi elle eftoit receuë dans le cas que nous traitons, elle cauferoit incomparablement plus de dommage dans la Religion de

SECTION VII. *Maxime nouuelle de M. Arnauld, qui dit que le Pape & le Concile peuuent fe tromper dans le fait : & fçauoir fi cette maxime peut eftre receuë dans le cas dont il s'agit, & dans fes circonftances.*

Iesus-Christ, que ne font les heresies dans leur particulier. Car l'heresie ne blesse qu'vne verité, mais cette nouuelle maxime, au sens qu'on pretend l'employer contre nous, détruiroit la force des Conciles, renouuelleroit dans l'Eglise toutes les anciennes erreurs, rendroit sur chaque point de Foy contesté par les Nouateurs, les disputes immortelles, luy osteroit le moyen de iamais rien decider, & nous pourroit porter à l'impieté & à l'atheisme ; ce que ie dois prouuer.

2. Lettre page 139.

Mais écoutons Monsieur Arnauld, qui passant du droit au fait, nous dit que la *question se reduit maintenant à sçauoir, si les propositions censurées, sont de Iansenius, ou n'en sont pas ; que c'est vn point de fait, qui ne peut appartenir à la Foy Catholique; & qu'ainsi il ne peut estre vn legitime suiet de tenir des personnes pour heretiques & corrompuës dans la Foy.* Voila quelle est sa maxime & sa plus forte defense, pour monstrer que luy & les siens ne sont point heretiques, ny condamnez par le S. Siege, quoy qu'ils soûtiennent encore la doctrine de Iansenius.

Section VIII.
Cette maxime est détruite par cinq raisons.
Premiere raison.

Mais ce Docteur trouuera bon, s'il luy plaist, que ie luy dise premierement qu'il ne peut pas ignorer que cette question de *fait* n'ait esté decidée par l'assemblée des Euesques de France, qui l'ont iugée à la confusion de Monsieur Arnauld : Car ils n'estoient pas assemblez sur le *droit* iugé & terminé par le Pape, mais sur le *fait* seulement, c'est à dire que la question n'estoit pas entre eux de sçauoir, si les propositions censurées estoient *heretiques* ; mais il s'agissoit seulement de sçauoir *si elles estoient de Iansenius, & si elles estoient condamnées* par la Bulle *au sens de cet Auteur.*

De plus, il ne se trouuera point dans l'Histoire Ecclesiastique, que ceux qui ont esté condamnez pour auoir soûtenu & defendu vne fausse doctrine (comme font les Iansenistes, qui defendent encore la doctrine condamnée de Iansenius) ayent iamais esté receus dans l'Eglise, à proposer que le Pape & le Concile *ont pû se tromper dans le fait*, lors principalement que les Euesques d'vn

Royau-

Royaume aſſemblez pour iuger de ce *fait*, ont prononcé ſur ce differend, & iugé (comme on a fait contre les Ianſeniſtes) que le *fait* eſt tel, qu'il auoit eſté repreſenté aux pieds du ſaint Siege.

Mais qui ne ſçait que Pelage & Celeſtius n'ayent remonſtré aprés leur condamnation, qu'ils n'auoient pas tenu ſur la grace, les ſentimens coupables qu'on leur auoit attribuez? N'eſtoit-ce pas dire que le Pape Innocent I. & les Conciles de Mileue & de Carthage *s'eſtoient trompez dans le fait?* Ce qui paroiſt aſſez, ſoit dans les Liures de Pelage, auſquels ſaint Auguſtin répondit; ſoit dans les Lettres que cet Heretique écriuit ſur le ſuiet de ſa foy au Pape Innocent, qui ſe trouuant mort furent données au Pape Zozime; ſoit enfin dans le Liure ou dans la Conſeſſion, que Celeſtius preſenta au Pape Zozime, de ſa foy & de celle de Pelage, dans laquelle S. Auguſtin trouua beaucoup de choſes à redire, par l'equiuoque des termes, dans leſquels cette Confeſſion eſtoit conceuë.

Enfin ces deux heretiques ſe plaignoient de ce qu'on les auoit condamnez, pour d'autres ſentimens que les leurs. Car ils nioient, dit ſaint Auguſtin, qu'ils euſſent ſouſtenu ces erreurs, & qu'ainſi on s'eſtoit *trompé dans le fait*, puiſque c'eſt ſe *tromper dans le fait*, que de condamner en quelqu'vn les erreurs qu'il ne tient pas. Et cependant l'Egliſe eut ſi peu d'égard à leurs plaintes, qu'aprés auoir condamné leurs erreurs, elle renuoya au bras ſeculier l'execution de ſes Decrets.

Quoy qu'il en ſoit, dans toutes les Hiſtoires, que rapporte Monſieur Arnauld ſur ce ſuiet, il ne produit rien de ſemblable à l'hypotheſe du *fait*, dont il s'agit auiourd'huy entre nous; ce qui fait voir que toutes les preuues qu'il allegue ſur ce ſuiet, ſont inutiles pour ſa defenſe.

En ſecond lieu, Monſieur Arnauld n'a pû parler de la ſorte, ſans tomber dans la plus haute preſomption de ſa perſonne (pour ne pas dire inſolence) qui fut iamais commiſe contre le reſpect, qui eſt dû aux Decrets du

Auguſt. lib. de peccato origin. cap. 17. & 21.

Auguſt. lib. de grat. Chriſti cap. 30. Siue negando quod ſenſit, ſiue defendendo quod perperam ſenſit.

SECTION IX. *Seconde raiſon.*

E

saint Siege, & au iugement des Euesques de France, af-
semblez à Paris sur ce mesme suiet.

Car aprés qu'Innocent X. nous a declaré par son dernier *Decret*, qu'il *auoit condamné* par sa Bulle precedente,
dans les cinq Propositions censurées, *la doctrine de Iansenius,
contenuë dans son Liure intitulé Augustinus*; Et que les
Euesques de France nous ont asseuré dans leur Lettre circulaire, *que les cinq Propositions sont de Iansenius,
ainsi que les Prelats par eux deputez pour* faire cet examen,
leur auoient rapporté, & que tous les Euesques disent *l'a-
noir reconnu eux-mesmes*, il se trouue auiourd'huy vn Docteur particulier, soupçonné dans sa Foy, accusé & conuaincu de nouueauté & d'erreur, qui s'estimant plus
éclairé que le Pape dans son Consistoire, & que les
Euesques de France dans leur grande Assemblée, a l'af-
seurance de dire, d'écrire, & de publier en face de l'Eglise, qu'il *laisse à Dieu & à l'Eglise le iugement de Iansenius,
dont on s'efforce de rendre le nom odieux.*

Y eut-il iamais vne iniure semblable contre le Pape &
contre les Euesques de France, par vn Docteur particulier, qui pour defendre Iansenius, dit (en l'honneur du
saint Siege & du Clergé de France) que *si feu Monsieur
l'Euesque d'Ypre auoit suruescu son ouurage, & qu'il eust veu
l'horrible tempeste qu'on a excitée pour l'opprimer, il auroit dit,
s'il faut necessairement que les hommes murmurent en cette rencontre, i'aime mieux que ce soit contre moy, que contre S. Augustin.*

Mais qui sont *ces hommes* qui ont *murmuré* contre luy,
si ce n'est le Pape assis dans la Chaire de saint Pierre,
dont la voix foudroyante contre la doctrine de Iansenius, s'est faite entendre de toutes les Eglises Catholiques, qui comme vn écho, ont répondu à sa voix, &
dit la mesme chose que luy, par la reception qu'elles ont
faite de sa Bulle & de ses Decrets : Si ce n'est les Euefques de France, lorsqu'ils ont appellé *Rebelles*, ceux qui
depuis la Bulle, ont dit (comme fait auiourd'huy Monsieur Arnauld) que la doctrine de Iansenius n'estoit pas
condamnée par le saint Siege; si ce n'est les Docteurs

Decret du 29. Sept.
1654.

Lett. des Euesq. de
Fr. du 28. Mars
1654.

2. Lettre page 131.

2. Lettre page 132.

Catholiques de la France, qui comme enfans des Euefques, ont parlé fur ce fuiet comme leurs peres ?

Quoy donc, Monfieur Arnauld ! le Pape & nos Prelats, font-ils à voftre auis, dans l'Eglife de Dieu, pour y
exciter d'horribles tempeftes, fi ce n'eft contre les Heretiques ? font-ils des violens, des barbares, & des infideles,
pour y *opprimer* l'innocence, la *iuftice* & la pureté de la
Foy ? font-ils des Pafteurs mercenaires, pour expofer
leurs brebis au carnage des loups, & trahir le nom &
l'honneur de leur maiftre, pour fauorifer vne *fauffe doctri-*
ne ? Car c'eft ainfi que vous qualifiez la doctrine que nous
defendons contre vos nouueautez.

Ie dis en troifiéme lieu, que felon la nouuelle maxime de cet Ecriuain, il n'y a point eu, il n'y a point, & il
n'y aura iamais d'erreur veritable & fubfiftante, en quelque Errant ou Heretique, condamnée dans l'Eglife ; ou
en tout cas cette erreur ne fera, ou n'aura efté qu'imaginaire, & vne fiction, comme eft auiourd'huy le Ianfenifme, fi on en croit Monfieur Arnauld ; car toute erreur
veritable & reelle qui fe forme dans l'Eglife, par vn
efprit qui fe méconte & s'abufe, la prenant pour verité,
eft neceffairement renfermée dans quelque propofition ;
& cette propofition eft auancée par quelque Errant ; Si
donc il n'y a point d'Errant dans l'Eglife, il n'y aura point
d'erreur de cette qualité dans l'Eglife.

Section X.
Troifiéme rai-
fon.

Or par la maxime de cet Ecriuain, on peut prouuer qu'il n'y a point eu d'errans dans l'Eglife, qu'il n'y
en a point à prefent, & qu'il n'y en aura iamais ; & partant point d'erreurs, que des erreurs imaginaires, feintes
& controuuées par ceux, qui de gayeté de cœur les pro-
pofent, fans toutefois les vouloir foûtenir contre l'Eglife.

Car fi l'on dit que l'*Arianifme* eft vne erreur, & qu'*A-*
rius a efté vn errant ; on répondra que ce qu'on appelle *Arianifme*, eft herefie ; mais qu'il faut fçauoir, fi les
propofitions qui renferment l'*Arianifme*, font d'*Arius*, ou
n'en font pas : *Que c'eft là vn point de fait, qui ne peut* 2. Lettre page 137
appartenir à la Foy Catholique, & qu'ainfi il ne peut eftre vn le-

gitime ſuiet de tenir des perſonnes (tels que ſeroient les *A-riens* reſſuſcitez par cette nouuelle maxime) *pour here-tiques & corrompuës dans la Foy.* Si le Pape, ſi les Eueſques de France, ſi meſme les Conciles Oecumeniques di-ſent qu'elles ſont d'Arius ; on répondra que *le Pape , que les Eueſques de France aſſemblez , & les Conciles Oecumeniques, peuuent ſe tromper dans le fait;* & qu'ainſi l'*Arianiſme* eſt vne fiction , & qu'*Arius* eſtoit vn Docteur Catholique , dont *les ennemis ſe ſont efforcez de rendre le nom odieux dans l'Egliſe.* Ce qui eſt vn beau moyen pour eluder tous les Canons des Conciles aſſemblez contre les Nouateurs ; pour renouueller toutes les anciennes hereſies ; pour empeſcher que les heretiques ne puiſſent iamais eſtre retranchez du ſein de l'Egliſe, ny ſeparez de la communion des fideles ; & rendre enfin les diſpu-tes de la Foy immortelles dans l'Egliſe , ſans y pouuoir iamais eſtre terminées.

2. Lettre page 140. & 141.

C'eſt ce que ie prouue par la quatriéme raiſon, que i'allegue contre la pernicieuſe maxime de Monſieur Ar-nauld, dans le ſens qu'il l'employe, & dans toutes ſes circonſtances ; c'eſt à dire aprés que le Pape, & les E-ueſques de France ont condamné la doctrine de Ianſe-nius , & que ces Eueſques ont mis dans leur *Lettre cir-culaire,* que les *cinq Propoſitions ſont de Ianſenius.* Car tous les Caluiniſtes, comme tous les autres heretiques, ont droit de nous dire auiourd'huy par Monſieur Arnauld, qu'ils ne ſont point condamnez ny par les Papes, ny par les Conciles ; que la queſtion ſe reduit à ſçauoir, *ſi les propoſitions* (que les Papes & les Conciles ont attribuées à Caluin) *ſont de Caluin, ou n'en ſont pas : Que c'eſt vn point de fait , qui ne peut appartenir à la Foy Catholique ; & qu'ainſi il ne peut eſtre vn legitime ſuiet de tenir* les Calui-niſtes *pour des perſonnes heretiques, & corrompuës dans la Foy.*

Tellement que ſi nous voulons leur répondre, que le Pape & les Conciles ont condamné ces propoſitions dans Caluin ; ils nous repartiront par Monſieur Arnauld, que le Pape, & les Eueſques de France qui ont condamné la doctrine de Ianfenius, & qui ont dit dans leur celebre iugement, que *les cinq Propofitions font de Ianfenius, & condamnées dans le fens de cet Auteur, peuuent errer dans le fait;* & qu'ainfi la queftion de droit eftant reduite au fait, elle demeure en fon entier; c'eft à dire que le *Caluinifme* eft auffi peu condamné que le *Ianfenifme :* Car fi la doctrine des liures de Caluin n'eft pas vne erreur condamnée, il n'y a point de Caluinifme condamné.

Que fi nous leur propofons le Confiftoire du Pape, l'Affemblée des Euefques de France, ou vn Concile Oecumenique, pour iuger ce differend, ils nous repliqueront modeftement, que le Pape, que les Euefques de France, & mefme les Conciles Oecumeniques *peuuent errer dans le fait*, & que tout ce qu'ils feront fur ce point, eftant fuiet à reuifion, on pourra toufiours dire contre eux, *qu'ils ont pû errer dans le fait.*

Si on leur dit qu'il faut conuoquer vn troifiéme Concile, pour terminer ce differend; ils nous répondront la mefme chofe, & feront vn progrez à l'infiny, parce que la maxime de Monfieur Arnauld, par laquelle il pretend redreffer fon erreur, fubfifte toufiours, qui eft que *les Papes & les Conciles peuuent errer dans le fait.* Tellement que ce fera vn cercle, dans lequel les conteftations, & les difputes de la Foy fe rendront immortelles, fans qu'il foit au pouuoir de l'Eglife d'y apporter de remede; puifque le Caluinifte dira toufiours, auffi bien que le Ianfenifte, que les propofitions qu'il foûtient, ne font pas condamnées, ou du moins qu'elles ne font pas condamnées au fens de Caluin : Et fi le Pape, les Euefques de France, & les Conciles luy difent, qu'elles font dans les liures de Caluin, *il croira conferuer tout le refpect qu'il doit au Pape, aux Conciles, & à l'Eglife,* en difant auec Monfieur Arnauld, que *les Papes & les Conciles peuuent errer dans le fait.*

La quatriéme raifon, eft que fuppofé la maxime de Monfieur Arnauld, dans toute fon étenduë, il eft faci-

SECTION XI. *Quatriéme raifon.*

E iij

le de ruiner la canonization de tous les Saints, de détruire l'autorité des liures Canoniques, & de monftrer
que la Religion Chreftienne, n'eft qu'vne chimere &
vne fiction. Car qu'vn fidele ait vécu dans vne grande
fainteté de vie, dans la pureté de la Foy, & que Dieu
pour autorifer la fainteté de cet homme, ait fait & faffe encore tous les iours beaucoup de miracles à fon tom-
beau, ou par fes reliques, *c'eft vn point de fait*. Or le
Pape & le Concile *peuuent fe tromper dans le fait*: donc
il fera permis de douter de la canonization de tous les
Saints, & permis en fuite de les reietter du Catalogue
des Saints, & blafmer ceux qui les inuoquent, fans que
pour cela on foit heretique.

Et quand mefme nous demeurerions d'accord, que
le *Concile* en quelque cas, comme lors qu'on luy fait de
faux rapports, peut fe tromper dans le fait; (ce qui demanderoit vne grande explication) fi eft-ce toutefois
que ce feroit toufiours vn mépris infupportable, vne
temerité perilleufe, & vne prefomption criminelle, à
celuy qui fe foufleueroit contre ce que le S. Siege, ou
ce que les Euefques de France auroient decidé fur ce
point : Car fuppofé pour exemple, que le Pape ou le
Concile ait declaré Monfieur Arnauld & fes fectaires heretiques, pour s'eftre oppofez à la Bulle d'Innocent X.
n'eft-il pas vray que celuy qui ne voudroit pas les éuiter,
ny fuir leur conuerfation, fous pretexte qu'il diroit, que
le Pape & le Concile fe feroient trompez dans le fait,
feroit vn temeraire & digne de chaftiment?

Les liures Canoniques n'auront pas plus d'autorité,
que la canonization des Saints. Car vn heretique me
dira s'il veut, qu'il eft vray qu'il y a vne fainte Ecriture
& vne parole reuelée, mais qu'il n'y a point de liures
Canoniques dans lefquels elle foit contenuë; & qu'ainfi il n'eft point obligé de receuoir dans la difpute les
liures de l'ancien & du nouueau Teftament. Si ie luy
replique auec S. Auguftin, que ie reconnois la fainte
Ecriture dans les liures Canoniques, parce que l'Egli-

Aug. contra epift.
fundam. cap. 5.
Euangelio non

ſe me les met entre les mains, & que par ſon autorité elle me dit, que ces liures ſont Canoniques; il me ré-pondra par Monſieur Arnauld, que *c'eſt là vne queſtion de fait, & qu'on s'eſt pû tromper dans le fait*, quand on m'a dit que les liures de l'ancien & du nouueau Teſta-ment ſont Canoniques, & qu'ils contiennent tout ce que nous auons de ſainte Ecriture, ou de parole reuelée.

crederem, niſi me Catholicæ Eccle-ſiæ commoueret auctoritas.

Enfin, ſi quelque heretique extrauagant & libertin me vient dire que la Religion Chreſtienne eſt vne in-uention d'homme, & non pas la doctrine d'vn Dieu homme : Que Ieſus-Chriſt dont elle porte le nom, n'a iamais eſté dans le monde, & n'a point vécu parmy nous; ie luy diray que l'Euangile, que l'Egliſe m'a mis entre les mains, m'enſeigne que Ieſus-Chriſt eſt le Meſſie, homme & Dieu tout enſemble, promis aux hommes, & attendu des Iuifs, qu'il eſt né d'vne Vierge, qu'il a preſché & enſeigné la doctrine que ie profeſſe; qu'il eſt le Chef de ma Religion, qu'il a eſté crucifié par les Iuifs, & qu'il a verſé ſon ſang pour le ſalut de tous les hommes.

Mais il me répondra par Monſieur Arnauld, que ce que ie dis, eſt *vne queſtion de fait, dans lequel on a pû ſe tromper*, & qu'en me mettant entre les mains le liure qu'on appelle *Euangile de Ieſus-Chriſt*, on a pû ſe mé-prendre dans le fait, & me preſenter vn Roman, ou ce qui ne fut iamais Euangile ; & qu'ainſi la Religion Chreſtienne eſt vne chimere & vne fiction. O bon Dieu! à quel excés monte l'erreur de noſtre ſiecle, en la per-ſonne d'vn Docteur, qui ſe dit ſi fauſſemeut *Catholique,* & qui a le front de ſe ſoufleuer contre les Decrets du S. Siege, & contre le iugem'ent ſi celebre de l'Aſſem-blée des Eueſques de France, qui ont decidé ſi nette-ment ce point de fait !

La cinquiéme raiſon eſt deciſiue du differend qui eſt entre nous & Monſieur Arnauld, ſur le point de fait, qui tend à ſçauoir ſi les cinq Propoſitions ſont de Ianſe-nius ou n'en ſont pas. Ie l'appelle deciſiue, parce qu'elle est tirée de l'aueu & de la propre confession de nostre Aduersaire, qui dans vn Libelle Latin intitulé, *Propositiones de Gratia*, que fit le Port Royal ou ses Docteurs, lors qu'on deuoit examiner en Sorbone les cinq Propositions, pour en empescher la censure, & duquel il a fidelement traduit beaucoup de choses, qu'il rapporte dans sa seconde Lettre, a soustenu que ces cinq Propositions estoient de Iansenius.

Car lors qu'il parle de ces Propositions en general dés l'entrée de ce Liure, *Nous pouuons*, dit-il, *les considerer en elles-mesmes & selon leurs propres termes, ou les considerer entant qu'elles sont dans l'Augustin de Iansenius, soit à raison de leurs paroles, soit à raison de la force & du sens de leurs paroles; Or il seroit à craindre que saint Augustin ne fust blessé par le trait qui transperceroit Iansenius, & le saint Siege offensé par le flanc ouuert de saint Augustin, & mesme l'Eglise vniuerselle, si cette doctrine estoit censurée par la Sorbone. Que si cela arriuoit, (ce qu'à Dieu ne plaise) cela mesme causeroit vne tresgrande infamie à cette illustre Compagnie, & produiroit de tresgrands troubles dans l'Estat.*

Que vous en semble Monsieur Arnauld? Vous voyez desia par cet échantillon, que les cinq Propositions nonobstant vos belles remonstrances, ont esté censurées; *qu'elles sont dans l'Augustin de Iansenius, & qu'elles y peuuent estre considerées, soit dans leurs termes, soit dans la force & le sens de leurs paroles.* Donc elles sont dans Iansenius, selon vous; donc entre vous & nous il ne doit plus y auoir de differend sur ce suiet.

Vous voyez aussi que vostre prediction a esté vraye en partie, & fausse en partie; vraye, en ce que vous auez dit que cette censure, ou plustost vostre nouueauté & vostre faction *causeroit de tres-grands troubles dans l'Estat,* car c'estoit là vostre dessein; mais le Roy & le Clergé de France, sçauront bien les calmer aux dépens des rebelles : fausse, en ce que vous auez dit que cette censure *laisseroit à la Sorbone,* tant renommée dedans & dehors le Royaume, *vne extréme infamie,*

puis-

Propositiones de gratia, pag. 1. Primùm eas si spectemus in semetipsis, ac provt ipsæ per se sonant, deinde easdem si attendamus vt in Iansenij Augustino iacent, vel quoad verba, vel quoad verborum vim ac sententiam.
Et pag. 2. Sed quod maximè cauendum putem, ne per Iansenium Augustinus, & per Augustinum Rom. Sedes, adeóque Ecclesia vniuersa, &c. impetantur. Néve doctrina sanctissima à sacra Facultate velut damnata diuulgetur. Quod profectò si fieret (auertat Deus) & afferret maximas in Rep. turbas, & Sorbonæ clarissimæ summum probrum inureret.

puisqu'au contraire le Saint Siege , & les Euesques
de France ayant si hautement censuré les cinq Propositions & la doctrine de Iansenius; il luy est tres-glo-
rieux de s'estre mise la premiere en deuoir de les censurer, si la faction & le tumulte des vostres n'eust rom-
pu l'assemblée.

Poursuiuons, Monsieur Arnauld , la lecture de vôtre Liure Latin , pour descendre au particulier de ces
propositions censurées. *La premiere de ces propositions* (dites-vous) *peut estre consideree ou comme vniuerselle & indefinie*, c'est à dire (ainsi que vous l'expliquez en suite) *Page 3. Thesis ista
qu'elle peut entant qu'vniuerselle & indefinie, embrasser tous* si vertatur in vni-
les iustes, & dire que quelques preceptes sont impossibles à tous uersalem, planè fal-
les iustes, ce qui est heretique; ou comme particuliere, auquel sa est ; neque enim
cas (nous dites-vous) *la proposition qui enonce que quelques* omnibus & singu-
preceptes sont impossibles à quelques iustes, est aussi veritable, lis iustis mandata
que la precedente est fausse; & par consequent si la pre- Dei impossibilia
miere est heretique selon vous, la seconde est Catho- sunt.
lique, puisque de mesme que le vray est opposé au faux, Particularis est,
ainsi le Catholique est opposé à l'heretique. aliquibus iustis
volentibus & co-
nantibus mandata
aliqua impossibilia
sunt, & hæc tam
vera, quàm illa
falsa est.

Ce qui vous fait aioûter , que *bien que cette proposition
particuliere soit vn peu dure, vous ne laissez pas toutefois de* Page 4. Neque sic
la tenir pour Catholique. Pourquoy donc, Monsieur Ar- distinctam thesim,
nauld, auez-vous dit dans vostre *premiere & seconde Let-* quamuis duriuscu-
tre , parlant de ces propositions, qu'il n'y a iamais eu lè sonet, à Catho-
de Docteur, qui les ait soustenuës pour Catholiques; lica fide abhorrere
puisque vostre Libelle Latin & public vous conuainc censeo.
malgré vous, de les auoir soustenuës comme Catholiques
par les vostres,en face de la Sorbone & de tous les doctes?

Mais descendons à nostre fait, & voyons si selon vôtre
propre confession,elles sont ou ne sont pas dans Iansenius: Et *page 9.* Venia-
Certes il est bien facile de vous conuaincre; car nous mus ad Iansenium,
n'auons qu'à lire , ou du moins à traduire vos paroles &iam expendamus
Latines: *Venons maintenant* (dites-vous) *à Iansenius, &* quo ille intellectu
considerons en quel sens il a couché ou employé la premiere pro- positionē hanc v-
position. Il ne faut (dites-vous) *considerer que ce qu'il en a* surparit, &c. habe-
dit au 3. Liure de la grace du Sauueur, chap. 13. parce que ceux tur ea apud hunc
Auctorem in lib. 3.
de gratia Saluato-
ris, cap. 13. &c.
Iusti enim erant,

quorum meminit Yprenfis iste, &c. Primùm de Paulo, &c. Dein de filiis Zebedæi, &c. Dein de Petro.

Et pag 10. Porro Cornelius vt rationem aperiat, ob quam aliquibus fidelibus & iustis volentibus licèt & conantibus mandata quædam poſſibilia non sût, &c. Ergo thesis hæc apud Yprensem indefinita hominibus fidelibus, &c. non æquipollet vniuerfali thesi quæ falfa est, &c. fed particulari thesi, &c.
Cùm itaque norin tomnes, Magiſtros egregios delectos effe ad thesim propofitam, &c. examinandam, videant fedulò nequid durius in eam pronuntient, quod faniſſimam Ianfenij theologiam notet aut perftringat.

dont il parle, eſtoient iuſtes ; comme ſaint Paul, les enfans de Zebedée, & S. Pierre. Et afin que Cornelius Ianfenius nous faſſe voir la raiſon, pour laquelle il ſoûtient que quelques preceptes ne ſont pas poſſibles à quelques iuſtes, quoy qu'ils veüillent & s'efforcent de les accomplir, vous alleguez vn texte du meſme chapitre, où il employe vn paſſage de l'Apoſtre S. Iacques, d'où vous concluez en ſuite ; que ſi la premiere propoſition s'entend de tous les iuſtes, elle n'eſt pas de Ianfenius ; ſi au contraire de quelques iuſtes, elle eſt de Ianfenius ; & qu'ainſi les Docteurs deputez pour l'examen de tes propoſitions deuoient bien prendre garde de ne rien prononcer ſur ce ſuiet, qui donnaſt quelque atteinte à Ianfenius.

Que vous en ſemble, Monſieur Arnauld ? Pouuiez-vous nous éclaircir plus nettement de voſtre penſée, & du ſentiment de tous les voſtres ſur cette queſtion de fait, qui tend, ce dites-vous, à ſçauoir ſi ces propoſitions ſont de Ianfenius, ou n'en ſont pas ? Vous iurez dans voſtre écrit Latin qu'elles ſont de Ianfenius, vous le prouuez par Ianfenius meſme ; vous les defendez par luy, par ſa doctrine & par quelques textes : & lors que vous les voyez cenſurées contre voſtre attente, vous dites dans vos deux *Lettres* Françoiſes, qu'elles ſont heretiques, que vous ny les voſtres ne les auez iamais ſouftenuës, & qu'il n'y a point de Docteur, qui les ait tenuës pour Catholiques.

Que voulez-vous maintenant que nous croyions de vous, aprés vne fauſſeté ſi inſigne dans les choſes de la Foy ? Si vous vous démentez vous-meſme, en ſommes-nous reſponſables ? Et ſi nous vous conuaincons d'eſtre tombé en erreur, d'auoir enſeigné & fouftenu des hereſies, & meſme de les auoir preſchées par les voſtres (ainſi qu'on s'offre de le prouuer s'il eſt neceſſaire), ſommes-nous coupables & criminels pour vous dire que vos paroles & vos défenſes ſur ce fait, ſont autant de menſonges ?

Page 15. Accedat modò Antiſtes Yprenſis : aſſerit ipſe

Paſſons à la ſeconde propoſition, qui eſt que *dans l'eſtat de la nature corrompuë, on ne reſiſte iamais à la grace intérieure*, où aprés l'auoir exposée, *Que l'Euesque d'Ypre* (nous dites-vous *) se presente maintenant ; Car il aduance, soustient & explique de propos deliberé, cette proposition au liure 3. de la grace du Saüueur, & l'appuye tres-fortement par les témoignages tres-euidens, soit des Facultez de Louuain & autres, soit par les textes de S. Augustin, soit par les fondemens solides & inébranlables de toute la Theologie touchant la grace de Iesus-Christ.*

Iansenius fait encore le mesme au liure 2. de la grace du Saüueur ch. 25. Or il n'a point enseigné dans les lieux cottez, qu'on ne resistoit iamais simplement ou absolument à la grace diuine ; mais il a enseigné qu'on n'y resistoit seulement que de la part de la concupiscence, entant que combatant contre la grace, ou elle succombe ou elle l'emporte ; ce qu'il prouue au liure 8. de la grace du Saüueur chap. 1. par ces paroles, la delectation victorieuse &c.

Vous dites encore dans le mesme libelle, que *c'est vn crime de s'imaginer que la grace interieure de Iesus-Christ puisse estre iamais priuée de son effet,* ou renduë inutile par la resistance de la volonté : *Et que cette mesme proposition qui dit que dans l'estat de la nature décheuë, on ne resiste iamais à la grace interieure, est vne proposition veritable, Catholique, & tres-sainte, & qu'on ne peut pas en douter, sans vn tres-grand mespris de S. Augustin, & de toute l'antiquité.*

Il est donc vray, Monsieur Arnauld, que Iansenius selon vostre rapport, soustient qu'*on ne resiste à la grace, que de la part de la concupiscence seulement,* & non de la part de la volonté, laquelle par consequent ne resiste iamais à la grace interieure. Il est donc vray que vous & Iansenius auez soustenu & defendu pour Catholique & tres sainte, cette proposition aussi bien que la precedente. Quant aux autres, ie les rapporterois icy, si vous le iugiez necessaire, ou si vous en doutiez tant soit peu ; car ie n'ay qu'à les traduire.

Pourquoy donc dites-vous dans vostre Lettre ce qui suit, *Le seul point dont il s'agit est de sçauoir, si mes amis & moy soustenons comme Catholiques ces cinq Propositions, que*

F ij

le Pape a condamnées d'heresie, & si ayant toussiours esté tres-esloi-
gnez de le faire, &c. on doit obliger les Catholiques à nous fuir
publiquement? Pourquoy dites-vous que c'est *publier vne*
outrageuse calomnie, que de dire *que vous soustenez comme or-*
thodoxes ces propositions que le Pape a condamnées ? Ne voyez
vous pas maintenant par vos propres escrits ou ceux de
vos amis que ie vous represente, que vous & vos amis les
auez soustenuës pour Catholiques?

Pourquoy nous dites-vous que *des personnes* (c'est à
dire vous & vos amis) *ayant leu le liure de Iansenius auec soin,*
& n'y ayant point trouué les propositions qu'on attribue à Iansenius,
ne peuuent declarer contre leur conscience, qu'elles s'y trouuent?
Auez-vous deux consciences & deux cœurs? D'où vient que
vostre *conscience* aprés la Bulle, est autre que vostre *con-*
science auant la Bulle? D'où vient qu'auant la Bulle vous
ayez eu des yeux pour les lire dans Iansenius, & en
cotter les textes, & que depuis la Bulle vous n'en ayez
plus pour les y lire; Si ce n'est que le feu de la foudre du
saint Siege tombé sur vostre doctrine & sur vos liures,
vous ait esblouïs ou aveuglez?

Vous les auez leuës dans Iansenius, lors que vous
estiez plus ieune que vous n'estes pas à present, vous en
auez cité les lieux, les liures, les chapitres, & qnelques textes; & vous nous dites maintenant que vous ne les y trouuez point? Vous & vos amis auez-vous perdu la veuë à
force de lire? Si cela est vous deuriez vous mieux conseruer que vous ne faites; car il est à craindre pour vous qu'enfin vous ne trouuiez plus dans vos liures toutes ces nouuelles maximes de la grace, que vous pretendiez enseigner aux siecles à venir. En vn mot vous les auez leuës
dans Iansenius auant qu'elles fussent censurées (comme
il paroist par vostre liure Latin) & depuis la censure, vous
ne les y lisez plus , ainsi que vous le dites dans vostre 2.
Lettre.

I'auouë que ce mystere est pour nous aussi caché
que la Caballe des Rabbins, & qu'à moins d'estre illu-
miné, on ne peut pas penetrer la conduite, le secret,

Page 27.

Page 150.

ny le fond de la doctrine du Port Royal, quoy que vous
le difiez estre *pour tous ceux qui le connoissent, le nom d'vn lieu*
S. & d'vne retraite Sainte, d'où les déguisemens, les faussetez, *Page 9.*
& les equiuoques sont bannies : Que ce n'est pas tant vne belle
qu'vne bonne & pure source, où les eaux corrompuës par le
mensonge ne coulent point ; & qu'on peut dire de ceux qui l'ha-
bitent, qu'ils sont les enfans de la verité. Or nous sommes
dispensez de vous croire, & mesme nous pouuons dire
que tous ces eloges magnifiques que vous donnez au
Port Royal, ressemblent à ces titres superbes & dorez,
qu'on met sur le front des grands Nauires, *Le Lion, La*
Fortune, L'Inuincible, & qui toutefois ne les garantissent
pas du naufrage au moindre escueil qu'ils rencontrent,
puisque vostre Liure Latin, dans lequel vous auez si fortement defendu les cinq Propositions auant la Bulle, &
par lequel vous auez soustenu qu'elles estoient Catholiques & qu'elles estoient de Iansenius, est vne demon-
stration inuincible & conuainquante de vostre mauuaise foy, & de la fausseté de tant d'eloges que vous donnez au Port Royal, puisque *la sainteté & la pureté* que vous
luy attribuez, sont incompatibles auec la fourbe & le
mensonge, dont vos propres escrits, ou ceux de vos amis
vous conuainquent.

Mais souffrez que i'interpelle maintenant ce *S. Desert,*
& tous ceux qui admirent la pureté des eaux de cette
source, dans laquelle vous vous mirez comme vn autre
Narcisse, & que ie les oblige de rendre icy le témoignage fidele des titres auantageux, dont vous ornez vostre
doctrine, & la candeur de vos paroles.

Lieu S. Retraite Sainte, c'est icy où vous estes appellez pour estre les admirateurs de la sincerité des paroles
de vos Docteurs, & les témoins irreprochables de l'ex-
il qu'ils ont fait pour iamais de tous les *déguisemens*, de
toutes les *faussetez*, & de toutes les *equiuoques*.

Belle & pure source d'où les eaux corrompuës par le menson-
ge ne coulent point, venez icy reconnoistre vos ruisseaux,
& dites nous si les eaux qui coulent de vostre sein, & sont

arriuées iusques à nous par le canal de la plume de voſtre grand Directeur, n'ont point eſté infectées par ſes menſonges.

Et vous tous qui connoiſſez ce ſaint lieu, venez icy pour y voir non pas le triomphe ou la gloire de la *verité*, en la perſonne de ceux qui l'habitent ; mais la défaite & la honte de la fauſſeté, afin que ſi voſtre ſincerité n'a point eſté alterée par la hantiſe de ces perſonnes, vous leur diſiez auec nous, ce que S. Auguſtin diſoit autrefois en pareille rencontre aux Ennemis de l'Egliſe. *Vous dites des merueilles, vous dites des nouueautez, vous dites des fauſſetez : Nous admirons vos merueilles, nous nous défions de vos nouueautez, mais nous manifeſtons vos fauſſetez & vous en conuaincons.*

Aug. lib. 3. contra Iulian. cap. 3. Mira ſunt quæ dicitis, noua ſunt quæ dicitis, falſa ſunt quæ dicitis: Mira ſtupemus, noua cauemus, falſa conuincimus. *2. Lettre pag. 27. & ailleurs.*

Hé de grace, Monſieur, n'vſez plus à l'auenir de cette façon de parler, *moy & mes amis :* Car cela nous fait peur, & nous ſurprend d'autant plus que nous ne voyons point dans l'Egliſe, que les Saints ou les Catholiques ayent iamais parlé de la ſorte: Eſt-ce que vous voulez intimider les Puiſſances ſpirituelles & ſeculieres ? *Moy & mes amis ;* Que veulent dire ces fieres paroles, qui tranchent du *Quos ego*, ſi ce n'eſt qu'elles nous veulent predire, & nous annoncer vn Schiſme dans l'Egliſe, & vne diuiſion dans l'Eſtat ?

Mais ie doute bien fort que voſtre partie ſoit la plus forte & la plus ſeure, lors que les Miniſtres de l'Egliſe & de l'Eſtat auront peſé à loiſir la force & la vertu de ces paroles, *Moy & mes amis, mes amis & moy.* Excuſez moy, Monſieur, ſi ie vous parle ſi franchement, c'eſt vn conſeil charitable que ie vous donne, en ſuite de mon liure des *Inconueniens d'Eſtat procedans du Ianſeniſme*, lequel vous a beaucoup dépleu, ainſi que vous l'auez remarqué dans voſtre *2. Lettre.* Mais nous en parlerons en ſon ordre.

OR ſi la nouuelle Theologie du Port Royal que nous venons de détruire, nous appréd par cette maxime nouuelle que le Pape *& les Conciles peuuent errer,* elle nous enſeigne

SECT. XIII.
Seconde Maxime de Mon-

par vne autre maxime auſſi criminelle que la premiere, que le ſeul S. Auguſtin eſt infaillible, & que cette propoſition, *S. Auguſtin l'a dit, il le faut croire,* eſt ſi orthodoxe, qu'elle ne peut eſtre combatuë par les ſages; d'où vient qu'il ſe plaint de ce qu'on a *voulu faire paſſer les Ianſeniſtes pour des fous, & des impertinens, pour auoir raiſonné de la ſorte, S. Auguſtin l'a dit, il le faut croire.*

ſieur *Arnauld examinée & reiettée, ſçauoir eſt* S. Auguſtin l'a dit, il le faut croire. 2. *Lettre page* 161.

Il faut auouër que l'erreur & la nouueauté dans la Foy, cauſent d'eſtranges aueuglemens dans l'eſprit des ſuperbes, & qu'elles les portent d'vn precipice en vn autre; puiſqu'après la malheureuſe maxime que nous venons de deſtruire, Monſieur Arnauld s'efforce d'introduire cette autre maxime que i'ay ruinée, dans mon liure intitulé, *Regles de S. Auguſtin,* où ie l'ay combatuë par d'autres raiſons encore, que celles dont ie veux me ſeruir à preſent. Car nous pouuons dire qu'elle eſt de telle qualité, que ſi elle eſt conſiderée abſolument en elle meſme, & dans ſes propres termes, elle eſt heretique, iniurieuſe à l'Egliſe, ridicule, & inouïe entre les Doctes, contraire à S. Auguſtin, & meſme contredite par Monſieur Arnauld dans la 2. partie de ſa 2. *Lettre,* où il eſtablit cette meſme maxime, tant il eſt iudicieux & fidele à ſoy meſme.

Or comme le nom de S. Auguſtin eſt en vne ſi haute eſtime dans l'Egliſe, & que i'ay meſme pour luy vne veneration ſinguliere & iournaliere, ainſi que Dieu le ſçait, ie declare que ie n'entends point icy déroger en aucune maniere à l'autorité, que l'Egliſe luy a touſiours donnée, le conſiderant auec elle comme l'vne des plus grandes lumieres, qui ait détourné ſes enfans des voyes de l'erreur, pour les conduire dans l'vnique ſentier de la verité, de la doctrine & du ſalut.

Ie le reuere auſſi comme l'vn des plus celebres Docteurs, que l'Egliſe Latine ait placé en l'ordre de ſes quatre maiſtreſſes colomnes; mais ie n'adore point ſes Eſcrits iuſques au point de leur donner l'infaillibilité, qui n'eſt deuë qu'aux Saintes Eſcritures : Ie l'honnore autant que l'Eglise me l'ordonne, & le respect que i'ay pour luy est extréme, mais il n'est pas criminel.

Car i'ay appris de S. Thomas, que le culte ou la religion est placé entre deux extremitez vicieuses, comme toute autre vertu morale, & qu'il ne peut outrepasser l'actiuité de sa sphere, sans tomber dans le defaut ou dans l'excés; dans le defaut par l'irreligion, dans l'excés par la superstition; & que l'Eglise qui nous ordonne le culte des Saints, nous defend aussi d'estre Idolatres, & de nous engager dans l'erreur.

Or comme les Collyridiens, dans S. Epiphane, deuinrent heretiques par le culte excessif qu'ils rendoient à la tres-Sainte Vierge, l'honorant comme Dieu, & luy offrant des sacrifices, sous pretexte de l'honorer : Ainsi les Iansenistes par la deference excessiue, qu'ils témoignent rendre aux escrits du grand S. Augustin, tombent dans le precipice de l'erreur & de l'heresie, égalant l'autorité de ses liures, à l'autorité des liures Canoniques.

Mais *i'estime que S. Augustin* (disoit à ce propos vn illustre Abbé de la famille du mesme S. Augustin) *& tous les autres Saints doiuent estre honorez d'vne loüange veritable & solide, & non pas feinte & simulée; & qu'ils n'ont pas besoin de nos mensonges & de nos flatteries, & mesme qu'ils n'y prennent pas de plaisir.*

Ayant donc consideré que la verité est plustost abatuë & diffamée par le mensonge, qu'éleuée & honorée, & que l'entreprise des Iansenistes, qui ont tant éleué l'autorité de ce S. Pere, n'estoit pas pour en faire vn bon vsage, mais pour en abuser contre l'Eglise, & contre les principales maximes de la Foy, en donnant aux Escrits de ce Saint Pere l'infaillibilité, & la mesme autorité qui n'est deuë qu'à la Sainte Escriture; i'ay creu que l'interest de la Foy & de la Religion de Iesus-Christ blessé iusques au cœur par cette insolente flatterie, qui est plus estouffante que caressante, m'obligeoit de publier la verité, & de dire des choses, que i'ay teuës dans mon

Liure

D. Thomas 1. 2. quæst. 92. art. 1.

Epiphan. hæres. 78. & 79.

Pennot. lib. 5. propug. hum. lib. cap. 16. §. 5. Puto Augustinum & alios diuos non ficta, sed vera & solida laude esse colendos, non autem mendaciis nostris & adulationibus egere aut delectari.

Liure intitulé, *Regles de saint Augustin*, pour empescher
le desordre dans lequel les Nouateurs de nostre temps
s'efforcent d'engager les bonnes ames, par l'abus excessif
& profane qu'ils font tous les iours de l'autorité de ce
Pere, qui nous a dit en tant de lieux qu'il n'est pas infaillible, & qu'on ne peut sans crime, égaler ses Ecrits, ny
ceux des autres Peres, aux Liures Canoniques.

I e dis donc que cette maxime, *Saint Augustin l'a dit,
il le faut croire*, establie par Monsieur Arnauld dans sa
seconde Lettre, & encherie par quelques Docteurs Iansenistes, ainsi que nous verrons, est vne maxime heretique; parce qu'on ne peut pas sans heresie, égaler ny les
Ecrits d'vn Pere de l'Eglise, aux Liures Canoniques, ny
l'autorité d'vn Docteur particulier à l'autorité des Apostres, des Euangelistes, & de Iesus-Christ mesme. Et
toutefois le Port Royal nous enseigne, que de mesme
que les Fideles ont coustume de dire, *Iesus-Christ l'a dit,
il le faut croire*, ainsi nous deuons dire auiourd'huy, *Saint
Augustin l'a dit, il le faut croire.*

Or saint Augustin dans son *Manuel de la Foy* contre les
Heretiques & contre les Pelagiens, a dit que les ames
des iustes aprés la mort, ne regneroient point dans le
Ciel auec Iesus-Christ iusques au iour du Iugement general, donc il le faut croire : Ie dis que cela est heretique,
n'en déplaise à la catholicité de Monsieur Arnauld, qui
ayant traduit ce *Manuel*, n'a fait aucune note dans son
Commentaire, pour détourner les Fideles de cette erreur. Mais quoy! il nous dira pour sa raison, *Saint Augustin l'a dit, il le faut croire.*

Le mesme saint Augustin disputant sur le peché originel contre Iulien l'Heretique, qui auoit dit que *l'acte du
peché estant écoulé, le reat de ce peché demeure dans la conscience de celuy qui a commis ce peché, iusques à ce qu'il soit remis &
pardonné*, le reprend en ces termes : *Mais s'il arriue que ce
pecheur* (luy replique ce saint Pere) *s'oublie de son peché, &
ne s'en ressouuienne plus, & que sa conscience n'en ressente plus
de remords, où sera ce reat que tu dis demeurer aprés le peché*

G

*Aug. lib. 3. de Trin.
in Prolog.* Noli
meis litteris quasi
Scripturis Canoni-
cis inserui: c.

Section XIV.
*Cette maxime
est heretique.*

*August. in Enchi-
rid. ad Laur. cap.*
108.

*Aug. lib. 6. contra
Iulian. cap. 19.*
Iulian. Actu præ-
tereunte manet
eius reatus in eius
conscientia qui de-
liquit, donec di-
mittatur.
August. Quid si
obliuiscatur deli-
quisse, nec eius

conscientia stimuletur, vbi erit reatus ille, quem trâseunte peccato manere concedis donec remittatur *&c.* Non in corpore, non in animo, *&c.* Vbi ergo manet, nisi in occultis legibus Dei, quæ conscriptæ sunt quodammodo in mentibus Angelorum, vt nulla sit iniquitas impunita, nisi quam sanguis mediatoris expiauerit, cuius signo Crucis consecratur vnda baptismatis, vt câ diluatur reatus tamquam in chirographo scriptus in notitia spiritualium potestatum, per quas pœna exigitur peccatorum.

Iansen. Aug. in Synopsi vita Auct.

August. lib. 5. contra Iulian. cap. 15. Nam propterea nullus est hominum præter ipsum (id est, Christum) qui peccatum non fecerit grandioris ætatis accessu, quia nullus est hominum præter ipsum, qui peccatum non habuerit infantilis ætatis exortu.

commis & passé, iusques à ce qu'il soit remis? Et aprés auoit dit qu'il *ne demeure ny dans le corps, ny dans l'ame, Quel est donc,* adioûte-t-il, *le suiet ou le lieu où ce reat demeurera, si ce n'est dans les Loix occultes de Dieu, qui en quelque maniere sont écrites dans les entendemens des Anges, afin qu'il n'y ait point de peché qui demeure impuny, que celuy qui sera expié par le sang de Iesus-Christ, dont la Croix est le signe qui est employé dans la consecration de l'eau Baptismale, afin qu'en elle le reat du peché, qui demeure écrit, comme en vne scedule, dans la notice ou la connoissance des Puissances spirituelles, par lesquelles Dieu exige la punition des pechez, soit effacé?*

Donc selon saint Augustin, *le reat du peché commis & passé, iusques à ce qu'il soit remis, ne demeure ny dans le corps, ny dans l'ame* de celuy qui en est souillé; mais *dans la notice & l'entendement des Anges commis pour la punition des pechez.* Voilà son sentiment particulier sur ce point.

Que si nous demandons à Monsieur Arnauld ce que nous en deuons croire dans l'Eglise, il nous renuoyera au texte allegué de ce saint Pere, & nous dira pour sa raison, *Saint Augustin l'a dit, il le faut croire.* De mesme que Iansenius nous a dit que *le seul saint Augustin suffisoit pour toutes les matieres de Theologie;* Or cette proposition de saint Augustin que nous venons d'examiner, regarde *la grace de Iesus-Christ.*

Ce saint Pere dans le liure precedent, soustient encore contre Iulien, que quiconque naist dans le peché originel, ne manque iamais de commettre quelque peché actuel, lors qu'il est arriué à vn âge, où il est capable de pecher. Il dit en second lieu, *qu'à la reserue de Iesus-Christ,* qui est nay d'vne Vierge (& non pas par la voye ordinaire des hommes, sur laquelle seule il fonde le peché originel de tous les hommes sans exception) *il n'y a point d'homme, qui estant paruenu à vn âge meur & auancé, n'ait commis quelque peché actuel.* La raison qu'il en donne, est, *parce qu'il n'y a point d'homme (à la reserue de Iesus-Christ) qui dans sa naissance n'ait esté infecté du peché originel.*

D'où il s'ensuit premierement, que quiconque est

conceu dans le peché originel, commet quelque peché
actuel en sa vie, ainsi qu'il nous l'a dit cy-dessus. Il s'ensuit en second lieu, que (selon saint Augustin) la sainte
Vierge ayant esté conceuë en peché originel, elle a commis quelque peché actuel en sa vie, ce qui est condamné
par le saint Concile de Trente.

Aprés tout, si nous consultons Monsieur Arnauld sur
ce suiet, il preferera saint Augustin au sacré Concile
de Trente : Et si nous luy disons que ce Concile a declaré que *le sentiment de l'Eglise, est que par vn priuilege special
de Dieu, la sainte Vierge n'a iamais commis de peché actuel,
ny mortel ny veniel;* il nous dira au contraire pour sa raison,
contre ce Concile Oecumenique, & contre le sentiment general de l'Eglise : *Saint Augustin l'a dit, il le faut
croire.*

Mais voyons si les Docteurs Iansenistes, qui sont du
nombre de ceux que M. Arnauld dit estre ses amis, des-
auouëront cette belle maxime, *S. Augustin l'a dit, il le
faut croire.* Or tant s'en faut qu'ils la desauouënt, ils
l'encherissent encore lors qu'ils trouuent l'occasion d'en
parler. Appellons donc icy Monsieur Bourgeois & Monsieur Maleude, tous deux Docteurs Iansenistes, pour
nous dire ce qu'ils en pensent, & ils nous parleront en
ces termes dans l'Approbation d'vn libelle intitulé, *Abbregé de la doctrine de S. Augustin touchant la grace, par Flo-
rent Conrius* Cordelier, & depuis Archeuesque, l'vn des
plus intimes de Iansenius. *La doctrine que ce sçauant Archeuesque prouue puissamment, quoy qu'en abbregé, & en peu
de paroles, estre la doctrine de S. Augustin, n'a point besoin
de nostre approbation. Car qui ne sçait qu'vne opinion reconnuë pour celle de ce Pere, doit passer en mesme temps pour celle
de S. Paul, & par consequent pour celle de celuy qui a dit, Ie
suis la Voye, la Verité, & la Vie?*

Ce sont là leurs paroles qui découurent nettement
le fond de leur cœur, & de leur sentiment, qui est qu'-
*vne opinion reconnuë pour opinion de S. Augustin doit passer
en mesme temps pour celle de S. Paul, & par consequent pour*

G ij

*Trident. sess. 6.
can.* 23. Non posse
in tota vita pecca-
ta omnia etiam ve-
nialia vitare, nisi
ex speciali Dei
priuilegio, quem-
admodum de bea-
ta Virgine tenet
Ecclesia.

celle de Iesus-Chrift. Sur quoy nous pouuons faire quelques reflexions.

La premiere eft, que n'en déplaife à la qualité de *Docteur*, qui fe trouue en ces deux Approbateurs, ils fe feroient bien paffez de nous dire que les veritez de la Foy contenuës dans S. Paul, & dans l'Euangile, font des *opinions* de S. Paul, & de Iefus-Chrift. Ne fçauent-ils pas que l'*opinion* eft vn fentiment incertain & fans euidence, flotant entre le ouy & le non ; & que la verité ou l'article de Foy eft vne certitude infaillible fans euidence ?

Mais qui a iamais dit dans l'Eglife que les veritez que Iefus-Chrift nous a enfeignées eftoient des *opinions* de Iefus-Chrift ? Or ie veux croire que ces Meffieurs qui ont emprunté l'elegance, & peut-eftre la plume du Port Royal, pour dreffer cette belle Approbation, ont mieux aimé violer les regles de la Foy, que les regles de l'elegance & de la Grammaire.

La feconde eft, que la propofition de ces deux Docteurs eftant generale, indeterminée, & fans aucune reftriction, nous veut apprendre que S. Auguftin ne doit pas feulement eftre égalé dans fes opinions fur les matieres de la grace, à l'autorité de S. Paul & de Iefus-Chrift mefme ; mais encore fur toute autre matiere traitée par ce S. Pere.

La troifiéme eft, que fi cette Approbation eftoit prefentée à la Faculté, pour y eftre examinée, ie ne croy pas qu'elle y paffaft tout d'vne voix en faueur des Ianfeniftes, ny qu'elle y receuft d'autres eloges, que ceux que merite vne propofition impie, inouye dans l'Eglife, heretique & pleine de blafpheme ; foit en ce qu'elle égale les opinions d'vn Pere de l'Eglife, qui eft vn homme fautif, à l'autorité des écrits de S. Paul, & aux paroles de Iefus-Chrift ; foit en ce qu'elle attribuë à faint Paul dans fes Epiftres, & à Iefus-Chrift dans l'Euangile des *opinions*, & qu'elle donne à toutes les veritez de la Foy, le nom & la vertu de fimples *opinions*.

La derniere eſt , que les trois opinions particulieres de S. Auguſtin, que nous auons preſentement alleguées, & qui ne peuuent eſtre receuës de l'Egliſe, ſont ſur la matiere de la grace , & contre les Pelagiens : d'où il s'enſuit que tant s'en faut que ce S. Pere ſoit infaillible ſur les matieres de la grace, ſelon Monſieur Arnauld & ſes amis , & que ſa maxime nouuelle , *S. Auguſtin l'a dit, il le faut croire*, ſoit vne maxime Catholique, qu'au contraire elle eſt heretique.

CETTE maxime eſt encore iniurieuſe à l'Egliſe, parce qu'elle ſappe ſes regles primitiues, & ſes principaux fondemens, qui ſont la ſainte Ecriture, la tradition Apoſtolique, qui a paſſé de main en main iuſques à nous; l'autorité des Conciles & des Decrets des Papes; & ſur tout l'vniformité des SS. Peres dans la choſe qui doit eſtre de Foy. Car qu'eſt-il neceſſaire de plus conſulter à l'auenir les ſaintes Ecritures, les traditions des Apoſtres, les Conciles, les Decrets du S. Siege, & le conſentement vniforme des Peres , dans les choſes de la Foy, puiſqu'il ſuffit de dire auec Monſieur Arnauld, aprés Ianſenius, *Saint Auguſtin l'a dit, il le faut croire?*

SECTION XV.
Iniurieuſe à l'Egliſe.

I'ay dit aprés Ianſenius ; car celuy-cy nous vouloit apprendre dans le commencement de ſon Liure condamné, que *les S S. Peres eſtoient vtiles, mais que le ſeul S. Auguſtin eſtoit neceſſaire pour toute matiere Theologique*, c'eſt à dire, pour toutes les choſes qui peuuent entrer en diſpute dans la Religion Catholique : de ſorte que nous pouuons iuſtement reprocher à Monſieur Arnauld , ce qu'il reproche iniuſtement au P. Annat : Car il l'accuſe de vouloir *exiler du camp de l'Egliſe ſon plus fort, & plus redoutable defenſeur* , ſous pretexte qu'il a dit aprés ſaint Bonauenture , aprés le grand Eueſque d'Auila , aprés Monſieur de Xaintes, & tant d'autres, que S. Auguſtin a beaucoup de dureté ſur quelques matieres particulieres: & nous accuſons tres-iuſtement Monſieur Arnauld, de vouloir *exiler* auiourd'huy par ſa nouuelle maxime, tous les Peres, tous les Canons des Conciles,

Ianſ. Auguſt. in ſynopſi vita auctoris. Patres cæteros vtiles eſſe , ſed Auguſtinũ neceſſariũ, imò vnũ pro omni materia theologica ſufficere aiebat.

2. *Lettre page* 176.

Bonau. in 2. *diſt.* 3. *quaſt.* 1. *ad* 1. Plus dicens , & minus volens intelligi. *Abulenſ in deſenſor. cap.* 18 Non ergo eſt neceſſe nobis quæcunq; Auguſtinus dixerit, credere.

& tous les Decrets des Papes, du corps de l'armée foudroyante de l'Eglise, pour n'y laisser que saint Augustin, dont la seule personne composera l'armée, & remplira toutes les charges , & toutes les fonctions de ce grand corps. O la belle & excellente Theologie!

SECTION XVI.
Ridicule entre les Doctes.

MAIS qu'elle est ridicule entre les Doctes! Ie la dis ridicule, parce qu'elle ne peut estre entenduë qu'en deux manieres. La premiere, est que saint Augustin dans tous ses sentimens, & mesme dans ses sentimens particuliers, dans lesquels il ne se trouuera pas conforme aux anciens Peres, ny à la tradition Apostolique, ny mesme à l'Eglise, doit estre suiuy, & qu'il faut dire en ce cas, *Saint Augustin l'a dit, il le faut croire.* Ce qui est heretique, puisqu'on ne peut sans heresie, preferer au sentiment commun de la tradition, des Conciles & des Peres de l'Eglise, le sentiment different & particulier d'vn Pere de l'Eglise.

La seconde, est que les sentimens de S. Augustin, entant que conformes à la tradition, au sentiment vniforme des Peres qui l'ont deuancé, & à la doctrine de l'Eglise, doiuent estre suiuis, & qu'on peut dire en ce sens, *S. Augustin l'a dit, il le faut croire:* auquel cas ie soustiens que cette maxime est ridicule entre les Doctes, parce qu'en ce mesme sens, on doit dire la mesme chose de tous les Peres de l'Eglise, *S. Irenée l'a dit, il le faut croire; S. Cyprien l'a dit, il le faut croire; S. Hierôme l'a dit, il le faut croire.*

On pourra dire la mesme chose en ce second sens, des Docteurs de nostre temps, voire mesme des Heretiques, supposé qu'en quelque matiere, pour raison de laquelle ils ne sont pas heretiques, ils ayent écrit conformément à la tradition, aux Conciles, à la doctrine commune des Peres, & au sentiment de l'Eglise; Car on pourra dire pour lors: L'heretique a parlé en ce point, comme la tradition Apostolique, comme la doctrine des Peres, & comme l'Eglise mesme, donc il le faut croire; mais si on le croit, ce n'est pas à cause de luy, mais à caufe de la tradition, de la doctrine des Conciles & des Peres, & du fentiment commun de l'Eglife; de mefme que ceux de Samarie, aprés auoir entendu Iefus-Chrift, dirent à la Samaritaine, qu'*ils la croyoient, non parce qu'elle le leur difoit, mais parce qu'ils auoient entendu parler Iefus-Chrift.*

Ioan. cap. 4. Quia iam non propter tuam loquelam credimus, ipfi enim audiuimus, &c.

Ainfi nous croyons S. Auguftin en particulier, & S. Hierofme en particulier, non parce qu'ils difent vne chofe; mais parce qu'ils la difent conformément à la tradition, au fentiment vniforme des Peres, & à la doctrine commune de l'Eglife. Ce qui fait voir que la nouuelle maxime du Port Royal eft ridicule entre les Doctes, & d'vne tres-pernicieufe confequence dans l'Eglife, puifqu'elle ouure vn moyen d'y introduire autant d'erreurs, qu'il pourroit fe rencontrer de fentimens particuliers & reprochables dans les écrits des SS. Peres, lors qu'ils fe font attachez à leur fens particulier.

AVSSI eft-elle contraire à S. Auguftin, qui dit en vingt endroits de fes œuures, qu'on ne peut fans quelque impieté égaler les écrits & l'autorité d'vn Docteur, ou d'vn Pere de l'Eglife, tel qu'il puiffe eftre, aux écrits & à l'autorité des liures Canoniques, ainfi que ie le demonftre dans noftre Ouurage intitulé, *Regles de S. Auguftin pour l'intelligence de fa doctrine, auec l'entiere refutation des faux principes de Ianfenius, par eux-mefmes & par S. Auguftin.*

SECTION XVII. *Contraire à faint Auguftin.*

Ie n'entends ny ne veux pas (dit S. Auguftin) *que vous fuiuiez mes fentimens, en forte que vous vous croyiez obligez de croire ce que ie dis, fous pretexte que ie le dis,* &c. *Eft-ce point* (dit-il en fuite) *que vous pretendiez nous comparer aux Euangeliftes, & que vous vouliez égaler nos liures, & nos écrits aux liures Canoniques?* Qu'en dites-vous, Monfieur Arnauld? S. Auguftin eft-il de voftre auis?

Auguft. Epift. 112. ad Paulin. Nolo auctoritaté meam fequaris, vt ideo putes tibi aliquid neceffe effe credere, quoniam à me dicitur, &c. Ibid. Nunquid vllo modo Euangelio nos comparabis, aut fcripta noftra Scripturis Canonicis coæquabis?

Enfin, fi les raifons que nous auons alleguées, n'eftoient pas capables de renuerfer cette fauffe & malheureufe maxime à la confufion de Monfieur Arnauld, cet Auteur fe ioindroit à nous, pour la détruire luy-méme dans la 2. partie de sa Lettre, dans laquelle il la vouloit établir : Et comme nous deuons traiter ce Docteur incomparable, auec des respects dignes de l'eminence de son sçauoir, & que ce Geant de doctrine dédaigne de se mesurer auec les petits, tel que ie suis, ie croy que pour le combatre & le défaire, nous ne pouuons pas luy mettre en teste vn aduersaire plus glorieux que luy-mesme. Car qui est capable auiourd'huy de le surmonter que luy-mesme ? Ie dis donc que ce grand personnage se contredit soy-mesme ; ce qui luy est assez ordinaire, comme ie l'ay fait voir dans ma premiere *Réponse*.

Section XVIII. Contredite & renuersée par M. Arnauld.

2. Lett. page 193.

Page 195.

CAR il fait vn grand discours sur vne chose qui n'étoit pas en question, pour prouuer qu'il ne se fait point de nouueaux articles de Foy dans l'Eglise : Il dit enfin, *Que ce que les Papes & les Conciles font par leurs decisions, n'est que de conseruer contre les nouuelles erreurs le depost de l'ancienne Foy, qui a passé de main en main iusques à eux, par le canal sacré de la tradition Apostolique ; & qu'ainsi il faut tousiours recourir aux Regles primitiues de nostre croyance :* Tout cela est veritable ; d'où ie conclus, que pour faire qu'vne chose soit article de Foy dans l'Eglise, il faut que cette chose ait este contenuë dans l'ancien depost de la Foy, & qu'elle ait passé de main en main iusques à nous. Ce qui détruit ouuertement cette maxime nouuelle, *S. Augustin l'a dit, il le faut croire.* Car si elle est veritable dans son sens absolu, il ne faut plus consulter l'ancien depost de la Foy, qui a passé de la main des Apostres en celle de leurs successeurs, iusques à S. Augustin.

Que si S. Augustin dit vne chose qui soit contraire au sentiment commun des Peres ses predecesseurs, ie demande à Monsieur Arnauld ce qu'il faut faire : S'il me dit qu'il la faut croire, parce que S. Augustin l'a dit ; ie luy diray qu'il ruine sa regle primitiue de la tradition Apostolique & successiue de l'Eglise : S'il dit qu'il faut recourir à la tradition, & à l'ancien depost de l'E-
glise,

glife, ie luy diray deux chofes : la premiere eft, qu'il ren-
uerfe fa nouuelle maxime, *S. Auguftin l'a dit, il le faut croire :* La feconde, que luy & Ianfenius ont traité tous les
anciens Peres depuis Origene, iufques à S. Auguftin,
d'heretiques Semipelagiens, & qu'ainfi il a détruit (comme
Ianfenius) la regle primitiue de l'ancien de poftde la Foy,
qu'il auoit fi fortement eftablie.

Qu'eft donc deuenu cet ancien depoft de la Foy, du-
rant l'efpace de deux cens ans? s'eftoit-il retiré de l'Eglife (comme vn oifeau qui s'échape du fauconnier)
pour reuenir fur le poing de S. Auguftin, aprés vne fuite interrompue de tant de fiecles? Ce qui eft vne autre
herefie pire que les precedentes, que nous auons remar-
quées dans les efcrits de Monfieur Arnauld; Car fuppofé que l'Eglife puiffe tomber en erreur dans les chofes de la Foy, il n'y a plus d'affeurance en la Foy ny en la
diuinité de I. C. qui a promis à fon Eglife que *les puiffances malignes de l'Enfer,* c'eft à dire de l'erreur, *n'auroient iamais aucun auantage fur elle.*

Enfin Monfieur Arnauld s'eftend fort à louër vne
reflexion du Cardinal Baronius, qui dit que les *Peres
orthodoxes, pour repouffer les nouuelles erreurs, ont toufiours re-
cherché quels auoient efté fur ce fuiet, les fentimens des SS. Peres, & qu'ils ont eu en horreur, tout ce qui n'eftoit pas exactement
conforme aux SS. Peres. Que ceux qui ont fuiuy cette regle, ont
efté nommez Catholiques, & ceux qui s'en font écartez, regar-
dez comme heretiques.*

D'où ie forme ce dilemme, qui eft que la doctrine de
S. Auguftin contre les ennemis de la grace, eftoit nouuelle ou ancienne du temps de S. Auguftin; fi nouuelle,
& non conforme aux anciens Peres qui ont deuancé S.
Auguftin, elle ne peut eftre de Foy, ny ceux qui la foûtiennent, eftre nommez Catholiques ; car il ne fe fait
rien de nouueau dans la Foy, felon Monfieur Arnauld:
Que fi elle eft ancienne, elle eft la doctrine des Peres
precedens, auant que d'eftre la doctrine de Saint
Auguftin, (ce que Monfieur Arnauld & Ianfenius ne

H

*Matth. 16. cap.
Portæ inferi non
præualebunt ad-
uerfus eam.
2. Lettre page 198.
& 199.*

veulent pas) & partant elle n'est pas plus la doctrine de
S. Augustin, que la doctrine des Peres precedens; ou il
faut que Monsieur Arnauld détruise ses propres principes,
comme il fait en se contredisant soy-mesme, & détrui-
sant par les maximes, dont nous venons de parler, cette
autre maxime que nous combatons à present, *S. Augustin l'a dit, il le faut croire.*

Que vous en semble, Monsieur Arnauld? Pensez vous
que la haute estime, que vous auez conceuë de vous mesme dans les combats, vous rende inuulnerable? Combien de playes receuez vous dans la Foy par cette seule
attaque? Croyez-vous que vos Sophismes, vos para-
doxes, & vos longues declamations, nous enchantent
& nous fascinent les yeux? C'est icy où vn silence bien
mesnagé vous sera peut-estre plus fauorable qu'vne
mauuaise response.

Ie n'entends parler que de vous à la campagne où ie
suis à present, & où ayant receu vostre seconde Lettre, i'y ay respondu auant que d'en partir, ainsi que
quelques-vns de vos admirateurs vous le peuuent tes-
moigner: Ie n'entends que des Iansenistes, qui disent en
vostre faueur, pour raison de leur nouuelle croyance,
que les escrits de Monsieur Arnauld ont plus de polites-
se & d'elegance que les autres, & qu'il est incomparablement plus sçauant, que tous ses aduersaires; comme
si le soldat, dont les armes sont dorées & brillantes, estoit
tousiours pour cela le plus vaillant de l'armée.

Quoy donc? les veritez de la Foy ne se mesureront
plus que par l'eloquence, par la science, ou plustost par
la fausse estime & reputation qu'vn Nouateur s'acquer-
ra dans le monde, par les pratiques secrettes de ses Partisans, qui décrieront les Catholiques & les diffameront,
pour mettre les heretiques en honneur, & sur le chandelier de l'Eglise! Mais les vrais enfans de la Foy ont appris de I. C. non seulement à mépriser les mespris, mais
à les cherir & les caresser, comme des fleurs qui ayant
passé par les mains de I. C. & des Apostres, sont d'vne

odeur si suaue, que c'est par elle que nous sommes appellez dans l'Escriture, *la bonne odeur de I. C.* qui consiste dans les œuures, & non pas dans les belles paroles, que l'Apostre a condamnées dés la naissance de l'Eglise , & que les SS. Peres aprés luy, ont considerées, comme l'amorce de l'heresie & de l'erreur.

Ce qui fait que nous pouuons adresser aux fideles, ces paroles, que S. Cyprien adressoit autrefois à son peuple, *Ie vous aduertis (mes freres bien aimez) & vous conscille en mesme temps, de fuir les paroles trompeuses des Nouateurs ; de ne point adiouster foy legerement à leurs discours pernicieux; de ne vous rendre pas faciles à consentir à leurs caiolcries , de crainte que vous ne preniez les tenebres pour la lumiere , la nuit pour le iour, la faim pour l'aliment, la soif pour la boisson , le venin pour le remede, & la mort pour la vie & le salut &c. Car par leur doctrine estrangere ils s'efforcent de corrompre la pudicité de l'Eglise, & de violer par leur mensonge, la verité Euangelique. Esloignez vous donc autant que vous pourrez de la contagion de ces sortes de gens, & fuyez comme la peste leurs discours emmiellez.*

OR SI dans le premier point que nous auons expliqué, la doctrine de la Foy a receu tant de blessures, dans la 1. & la 2. *Lettre* de Monsieur Arnauld , certes la discipline de l'Eglise n'est pas moins alterée & outragée dans sa 2. *Lettre*; Et c'est le 2. point des trois que nous nous estions proposez dans la refutation de cet Escrit, & qui comprend plusieurs chefs, que nous diuiserons en attaques & en defenses, en iniures, & en plaintes; Car s'il attaque iniustement le Pape , & les Prelats de l'Eglise, quand il ne condamne point sincerement ce que le Pape & les Euesques ont condamné; quand il soustient encore vne doctrine condamnée par l'Eglise ; quand il viole le respect & l'obeissance, qu'il doit au S. Siege, & aux Euesques de France : Il se defend encore aussi iniustement, quand il dit dans la premiere partie de sa *Lettre*, & mesme dans la 2. partie en tant de lieux, *qu'il est accusé, iugé, & mesme condamné par ses aduersaires sur de vains soupçons ; qu'on luy*

H ij

2. *Corinth. cap.* 2.
Christi bonus odor sumus Deo.

Cyprian. epist. 40. *ad Plebem de quinque presbyt.* Hinc fratres dilectissimi , admoneo pariter & consulo, ne perniciosis vocibus temerè credatis, ne fallacibus verbis consensum facilè præbeatis, ne pro luce tenebras, pro die nocté, pro cibo famem , pro potu sitim , venenum pro remedio , mortem pro salute sumatis &c. Adulterinis doctrinis Ecclesiæ pudiciriam corrumpere, & veritatem Euangelicam violare conantur &c. Procul ab huiusmodi hominum contagione discedite, & sermones eorum velut pestem fugiendo vitate.
ARTICLE IV.
SECT. I.
Second point de la response de l'Auteur concernant la discipline de Monsieur Arnauld.
2. *Lettre* p. 77. & alibi.
page 7L

attribuë sans fondement & sans preuue vne heresie imaginaire ; & qu'il est obligé en conscience, de ne pas souffrir que la doctrine de S. Augustin soit flestrie & deshonorée en elle mesme sous le nom de Iansenius.

page 159.

Chose estrange ! l'Eglise estoit renuersée, & la doctrine Catholique de S. Augustin, abatuë & détruite à la veuë du S. Siege, de tous les Cardinaux, Archeuesques, & Euesques, & au sceu de toutes les Facultez Catholiques de l'Europe, si le Ciel n'eust suscité de nos iours Monsieur Arnauld ce grand Declamateur, pour épauler la doctrine de l'Eglise enseignée par S. Augustin, pour la soûtenir, & en supporter luy seul le poids chancelant & proche de sa cheute ! ô que nous luy sommes obligez ! C'est ce qu'il nous faut examiner par ordre, & le plus succinctement qu'il nous sera possible.

SECT. II. *Premier chef de l'attaque, par lequel Monsieur Arnauld outrage la discipline, en ce qu'il ne condamne point ce que le Pape a condamné.*
1. *Lettre page* 20.
2. *Lettre page* 125.
Damnauimus in quinque propositionibus Cornelij Iansenij doctrinã eius libro contentam, cui titulus *Augustinus.*

LE premier chef, par lequel il outrage la discipline de l'Eglise, est qu'il ne condamne point sincerement ce que le Pape a condamné ; car il n'est point necessaire de faire tant d'exclamations, & de s'écrier à tous momens, que *l'on condamne les cinq Propositions que le Pape a condamnées ;* Mais il faut condãner auec le Pape, ce que le Pape condamne, dans la mesme maniere que le Pape le condamne : Or le Pape expliquant sa Bulle dans son dernier *Decret du 29. Septembre 1654.* declare qu'il *a condamné dans les cinq Propositions censurées, la doctrine de Cornelius Iansenius contenuë dans son liure intitulé, Augustinus.*

2. *Lettre page* 159.

Vous nous dites, Monsieur Arnauld, *qu'on doit estre plus que satisfait de la reuerence profonde que vous auez témoignée sur ce suiet, lorsque vous auez dit,* & dites encore, *que vous condamnez sincerement les cinq Propositions censurées, en quelque liure qu'on les puisse trouuer sans exception.* Non, Monsieur, cela ne satisfait point pour deux raisons ; l'vne est, qu'il ne suffit pas que *vous cõdamniez d'heresie les cinq Propositions que le Pape a condamnées d'heresie, en quelque liure qu'on les puisse trouuer,* si vous ne retractez encore par vn escrit public, ce que vous auez dit cy-dessus dans vos liures, pour la defense de la doctrine condamnée de Iansenius, dans es cinq Propoſitions cenſurées.

Ce n'eſt pas moy qui vous forme cette difficulté, c'eſt le grand S. Auguſtin, lorsque dans vn cas tout ſemblable, il dit aprés les Eueſques de Carthage, *qu'il ne ſuffiſoit pas que l'heretique Celeſtius receuſt generalement le Decret d'Innocent I. & qu'il y adheraſt* (de meſme que par voſtre declaration vous receuez la Bulle d'Innocent X. & y conſentez, lors que vous condamnez ce qu'il condamne): *Mais qu'il deuoit ouuertement dire anatheme à toutes les choſes mauuaiſes qu'il auoit miſes dans ſon libelle ; de crainte que s'il manquoit de les reietter & condamner, vn grand nombre de perſonnes peu intelligentes, ne creuſſent que les venins de la Foy qu'il auoit gliſſez dans ſa ſupplique, eſtoient pluſtoſt approuuez du Saint Siege que corrigez, parce qu'il auoit dit* (comme vous faites) *qu'il adheroit volontiers aux Decrets du Pape Innocent.*

C'eſt auſſi, Monſieur Arnauld, ce que nous vous diſons auiourd'huy par la bouche de S. Auguſtin au ſuiet de voſtre declaration ; & c'eſt en ce cas proprement que voſtre nouuelle maxime doit auoir lieu, & eſtre receuë de tous, *S. Auguſtin l'a dit, il le faut croire,* c'eſt à dire que ſelon ce S. Pere, duquel vous vous dites *le Diſciple,* il ne ſuffit pas que vous condamniez les propoſitions d'hereſie (comme vous faites dans vos deux *Lettres,*) ſi vous ne retractez encore ce que vous auez écrit dans vos Liures precedens, pour la defenſe de la doctrine de Ianſenius condamnée dans les cinq Propoſitions cenſurées.

L'autre raiſon eſt, qu'il eſt facile de vous monſtrer par vous-meſme, que vous ne condamnez pas ſincerement les cinq Propoſitions cenſurées; car vous auez dit dans voſtre Cahier à trois colomnes, intitulé, *Diſtinctions abbregées des cinq Propoſitions, que la conteſtation ſur le ſuiet de ces propoſitions, n'eſt pas à l'égard d'vn ſens étranger & mauuais que l'on leur pourroit donner, & que vous reiettiez, mais à l'égard d'vn ſens legitime que vous defendez : Et vous* aioûtez à la fin, *que vous defendrez touſiours les propoſitions dont il s'agit, au ſens que vous les auez expoſées.*

Or ce ſens *legitime* ne peut eſtre autre que le ſens

H iij

Auguſt. lib. 2. ad Bonif. cap. 3. Non ſufficere &c. quod generaliter Innocētij Epiſcopi litteris conſentire fatebatur, ſed aperte eum debere anathematiſare quæ in ſuo libello praua poſuerat, ne ſi id non feciſſet, multi parum intelligentes, magis in libello eius illa fidei venena à Sede Apoſtolica crederent approbata &c. quàm emendata, propter illud quod ſe l'apæ Innocentij litteris conſentire ipſe reſponderat.

Diſtinctions abregées des cinq Propoſitions, page 4.

Et page 10.

propre, *naturel*, *& litteral* de ces propositions, puisque tout autre sens leur est *estranger*, ainsi que vous le dites dans ce mesme Cahier. Si donc vous les defendez en ce lieu, & protestez de les défendre tousiours dans leur sens *legitime*, *naturel*, *& litteral*; d'où vient, Monsieur, que dans vostre *seconde Lettre* vous dites, que s'il est question des *cinq Propositions censurées, vous les condamnez sans y chercher aucune explication; & s'il est question de leur sens, vous les condamnez dans le sens propre, naturel, & litteral que portent les termes?*

2. Lettre page 139.

N'est-ce pas les condamner dans leur sens legitime, que de les condamner dans leur *sens propre, naturel & litteral*, puisque tout autre sens estant *estranger*, il ne peut iamais estre *le sens propre, naturel, & litteral* de ces propositions, ny par consequent le sens legitime? Il est donc euident que vous condamnez dans vostre *seconde Lettre*, ce que vous auez dit dans vostre Cahier à trois colomnes, lors que vous auez declaré que vous *les soûteniez & les defendiez dans leur sens legitime, & que vous les soûtiendriez tousiours en ce mesme sens.* Donc il faut ou que vous retractiez ce que vous auez dit dans ce Cahier à trois colomnes, & dans le Libelle intitulé, *Propositiones de gratia*, où vous auez dit, que ces propositions estoient *Catholiques*; ou il faut que la declaration que vous faites à present, passe pour la plus haute fourbe & la plus signalée, qui se commist iamais dans vne matiere de cette importance, qui regarde la Foy.

Et puis, Monsieur, vous nous direz que *le Port Royal est pour tous ceux qui le connoissent, le nom d'vn lieu saint, d'où les déguisemens, les faussetez & les equiuoques sont bannies; que ce n'est pas tant vne belle, qu'vne bonne & pure source, où les eaux corrompuës par le mensonge ne coulent point, & qu'on peut dire de ceux qui sont retirez dans ce desert, qu'ils sont les enfans de la verité.*

2. Lettre page 9.

Mais après tant d'equiuoques, de faussetez, & de fourbes, que nous découurons dans vos écrits & dans vostre conduite, vous nous permettrez de vous dire,

que si ceux qui demeurent auec vous en ce *desert*, vous
ressemblent, ils courent fortune d'estre comme vous
les enfans de la faußeté, & non pas de la *verité*. Quoy
qu'il en soit, vous estes obligez selon saint Augustin
cy-dessus allegué, de retracter ce que vous auez dit dans
vos Libelles, si vous voulez passer pour Catholiques,
lors que vous dites que *vous condamnez d'heresie ce que le
Pape a condamné d'heresie*, puisque c'est vne *chose mauuaise*
& suiette à retractation, d'auoir soûtenu autrefois ce
que vous estes obligé de condamner maintenant.

Donc il faut que la declaration de Monsieur Arnauld,
pour estre franche, entiere & ingenuë, soit conforme à
la condamnation du Pape, ce qu'il ne fera iamais; car il
a le don Angelique d'estre & de demeurer immuable dans
ses premiers sentimens, ainsi qu'il le témoigne assez dans
sa *seconde Lettre*, & qu'il l'a dit à ses amis. Quand donc il
nous declare qu'*il condamne d'heresie les cinq Propositions*, nous
luy disons que cela ne suffit pas, tant parce qu'il doit retracter ce qu'il a dit & écrit, que parce qu'il ne condamne pas tout ce que le Pape condamne, s'il ne dit auec luy,
qu'il *condamne dans ces cinq Propositions, la doctrine de Iansenius contenuë dans son Liure.*

S'il nous replique, comme il fait dans sa *seconde Lettre*, 2. Lettre page 125.
qu'il *condamne les cinq Propositions, dans Iansenius, si elles se
trouuent dans Iansenius*, nous luy répondrons, qu'il ne
condamne pas ce que le Pape condamne, en la maniere qu'il le condamne. 1. Parce que ny le Pape dans
son Decret, qui *condamne la doctrine de Iansenius, & les
Liures faits pour sa defense*, ny les Euesques de France dans Decret du 29. Se-
ptembre 1654. Libri
quoque de ea re
editi damnantur.
leur *Lettre circulaire*, ne parlent point par *si*, comme fait
cet Ecriuain, c'est à dire, en doutant; mais ils ont dit
affirmatiuement, qu'elles *sont dans le liure de Iansenius.*
2. Parce que le Pape *condamne dans les cinq Propositions, la
doctrine de Cornelius Iansenius contenuë dans son Liure.* Or
M. Arnauld, ne parle point de la sorte; au contraire
il la defend encore, malgré les Decrets du saint Siege, &
le celebre iugement des Euesques de France, sur ce mesme suiet.

Et c'est le second chef, dans lequel cet Ecriuain blesse la Discipline Ecclesiastique, par son euidente rebellion aux Decrets du saint Siege, & au Iugement des Euesques de France ; Car n'est-ce pas vne chose inouïe, & qui ne fut iamais tolerée dans l'Eglise, qu'vn Docteur particulier & priué, qui n'a point d'autorité, qui est soupçonné dans sa Foy, pour auoir si hautement soustenu & defendu vne doctrine, qui depuis a esté condamnée par les Arrests du saint Esprit, par le Pape, par les Euesques de France, & par toutes les Eglises de la Chrestienté, qui ont receu ces Decrets, ose encore auiourd'huy soustenir & defendre cette mesme doctrine, en defendant Iansenius, contre le Pape, contre les Euesques de France, & contre toutes les Eglises, qui sont dans la communion de l'Eglise Romaine, & de la Foy de saint Pierre ?

Car il nous dit contre la foy publique qu'*il ne s'agit pas auiourd'huy des sentimens de Iansenius*, ny par consequent des Sectaires de sa doctrine, & de ses Apologistes ; ce qui est la plus horrible imposture qui fut iamais, contre la Bulle du Pape, qui nous apprend que la condamnation des cinq Propositions, s'est faite *à l'occasion du liure de Iansenius*, qui a troublé l'Eglise ; contre son dernier Decret, qui condamne *la doctrine de Iansenius contenuë dans son liure, intitulé Augustinus* ; contre la *Lettre Circulaire des Euesques de France*, qui appelle *Rebelles* ceux qui soustiennent & defendent encore la doctrine de Iansenius.

Cet Ecriuain passe encore plus outre, car il defend Iansenius, rapportant que cet Auteur a declaré, que *si par mégarde il auoit pris quelque opinion estrangere, pour le sentiment de saint Augustin, il la desauoüoit, & se tiendroit obligé à celuy, qui luy feroit voir en quoy il se seroit écarté des principes de ce Pere.* Or Monsieur Arnauld a soustenu dans son *Apologie*, auant la Bulle, & dans vn Libelle depuis la Bulle, que *Iansenius ne s'est en rien écarté de la doctrine de saint Augustin.* Il dit encore dans sa *seconde Lettre*, qu'il *a fait des Apologies pour cet Auteur, &c. parce qu'on imposoit en plusieurs points des heresies & des erreurs à vn Euesque, qui a esté*

tres-

*tres-éloigné de les enseigner ; & qui a mesme tres-fortement
defendu l'Eglise contre les heretiques de ce temps.*

Il n'a point retracté ny son *Apologie*, ny ses autres
Libelles; donc il demeure encore dans ses premiers sentimens; donc il ne condamne point ce que le Pape, &
ce que les Euesques de France, auec toute l'Eglise ont
condamné & condamnent : donc en parlant douteuse-
ment à la veuë des simples, quand il dit *qu'il condamne
les cinq Propositions dans Iansenius, si elles s'y rencontrent ;*
il parle affirmatiuement aux yeux des Doctes; c'est à
dire qu'il soûtient encore les propositions censurées,
puisqu'il ne retracte point ny ses *Apologies*, ny ses Libelles; & qu'au lieu de les retracter, il aioûte pour con-
firmer son opiniastreté endurcie, & la haute estime qu'il
a de sa personne au dessus du S. Siege, & des Euesques
de France, *qu'il a fait des Apologies pour Iansenius, parce
qu'il y alloit de l'interest de Dieu, & de l'honneur de l'Eglise,
de ne pas souffrir que sous le nom de Iansenius, on fist passer
les plus constantes maximes de S. Augustin, pour des impietez
& des heresies :* Et si vous le pressez de vous dire quelles
font ces maximes importantes, il vous répondra dans l'vn
de ses Libelles, que ce sont les *sentimens de Iansenius, sur
le suiet des cinq Propositions censurées, qui sont les mesmes,
que ceux de saint Augustin.*

2. *Lettre page* 130.

*Memoire sur le
dessein qu'ont les
Iesuites,* &c. *arti-
cle* 8.

CE qui nous oblige de passer au troisiéme chef, par lequel il viole le respect & l'obeïssance qu'il doit au saint
Siege, & aux Euesques de France; Car il s'ensuit du sage
& iudicieux raisonnement de Monsieur Arnauld, que le
Pape & les Euesques de France, qui ont condamné la
doctrine de Iansenius, ont violé l'interest de Dieu, &
trahy l'honneur de l'Eglise; d'où vient que l'interest de
Dieu & l'honneur de l'Eglise ont esté contraints de se
sauuer dans le Port Royal, comme dans vn port de seureté, pour y trouuer leur defense & leur protection, entre les mains de Monsieur Arnauld, contre les entreprises violentes du Pape & des Euesques de France, qui les
persecutent à toute outrance par leur Bulle, par leurs

SECTION IV.
*Troisiéme chef,
par lequel il vio-
le le respect &
l'obeïssance qu'il
doit au S. Siege
& aux Euesques
de France.*

I

Decrets, par leur Lettre Circulaire, & par leurs frequentes Affemblées.

Certes, fi aprés cet emportement exceffif Monfieur Arnauld continuë de nous dire, que *luy & fes amis ont toufiours efté tres-éloignez de foûtenir comme Catholiques, les cinq Propofitions que le Pape a condamnées;* nous luy dirons qu'il n'en eft rien, puifqu'il foûtient encore la premiere & la feconde des cinq Propofitions cenfurées (ainfi que nous l'auons remarqué cy-deffus, traitant de fes herefies) & luy demanderons d'autres garands que fes écrits & fa parole : Et s'il nous replique qu'il eft *tres-fincerement foûmis aux Decrets du faint Siege, qu'il reuere le Pape comme fucceffeur de faint Pierre, comme le fupréme Vicaire de Iefus-Chrift,* comme Oracle du S. Efprit, nous luy dirons franchement que nous n'en croyons rien; & que fi la difcipline de l'Eglife eftoit obferuée dans la rigueur à l'égard de fon Liure, il feroit plus rigoureufement cenfuré par le Pape, par les Euefques de France, & par la Faculté de Theologie de Paris, que n'ont efté la doctrine & les liures de Ianfenius, pour lefquels il donne encore tant de combats, s'efforçant de calomnier le Pape & les Euefques de France, quand il leur dit par vn ftratageme inoüy, ce que faint Bafile difoit autrefois contre fes accufateurs fur vn fait tout different & tout autre, que celuy dont il s'agit contre Monfieur Arnauld, & dans d'autres circonftances.

Ce qui m'oblige d'en toucher icy quelque chofe en paffant, pour faire voir quelle eft la bonne foy de Monfieur Arnauld, lors qu'il fait tant le fçauant dans l'Hiftoire Ecclefiaftique, qu'il braue tous les autres; & cette feule remarque fuffira pour nous faire iuger de la foy que nous deuons à toutes les autres chofes, qu'il nous rapporte fur ce fuiet dans fa *feconde Lettre*, pour étourdir les ignorans par les textes frequents dont fes marges font brodées.

Le fait eft, *qu'on difoit, qu'vn certain de la Syrie* (que S. Bafile ne nomme point) *auoit fait quelques écrits; dans*

2. Lettre page 27.

Page 39. & 49.

Section V.
Si faint Bafile eft iudicieufement & fidelement allegué par M. Arnauld dans le fait dont il s'agit.
Bafil. epift. 79. ad Euftathium Epifc. Sebaft. In Syria, inquiunt, nonnulla quidam haud piè

lesquels il auoit glissé des choses contre la pieté (c'est à dire, quelques erreurs de Sabellius, comme il se voit dans la suite de cette Lettre) & qu'on disoit à S. Basile, *tu as écrit à cet homme il y a vingt ans & plus, donc tu es amy & compagnon de cet homme ; donc les choses qu'on reprend en cet homme, sont aussi tes erreurs & tes crimes,*

Sur quoy S. Basile replique à celuy qui luy tenoit ce langage : *Ie te prie toy qui aime la verité, & qui as appris que le mensonge est l'ouurage du diable, comment sçais-tu que cette lettre écrite il y a vingt ans & plus, est de moy ? Car tu n'as pas enuoyé d'homme exprés en Syrie pour t'informer si cette lettre est de moy. Comment donc peux-tu monstrer que i'aye approuué les erreurs de cet homme, & que i'aye esté dans ses mauuais sentimens ?*

Nous sommes accusez de blaspheme contre Dieu, sans que pour vous conuaincre de ce crime, on produise contre nous aucuns de vos écrits, ny de preuues des choses que nous auons preschées & enseignées de viue voix dans l'Eglise de Dieu ; & mesme on n'a pas pû trouuer vn seul témoin, qui dise auoir oüy de moy quelque chose d'impie dans les entretiens secrets, domestiques & familiers que i'ay eu auec mes amis.

Voilà ce qu'en dit S. Basile, que i'ay creu estre obligé de rapporter icy pour l'intelligence du fait, requise & necessaire pour entendre le suiet de sa plainte qu'il fait au Clergé de Neocesarée, auquel il auoit adressé vne lettre precedente, pour le solliciter de continuer auec luy leur ancienne amitié & communion ; alterée par le faux bruit qu'on auoit fait courir deluy, au preiudice de sa foy, sous le faux pretexte d'vne lettre supposée écrite depuis vingt ans, qu'on ne representoit point, & que S. Basile dénioit auoir écrite.

Mes freres (leur dit-il) pensez-vous que i'ignore que ie ne sois capable de faillir, & que ma vie ne soit remplie de pechez innombrables ? Ie me connois moy-mesme, & c'est ce qui m'oblige de verser des larmes tous les iours pour mes pechez, afin d'appaiser, si ie puis, la colere de Dieu sur moy, & d'éuiter les peines d'vn supplice eternel.

scripsit : tu verò ad illum ante annos viginti, & plures etiam, litteras dedisti. Socius igitur es hominis, & quæ in illo reprehenduntur, tua quoque sunt crimina.

At, ô homo veritatis amice, qui mendacium diaboli fœtum esse edoctus es, quomodo scis epistolam illam esse meam? Neque enim misisti vr cognosceres, *&c.* vnde probatur quòd illud approbauerim, & in sensu cum illo mihi conueniat ?

Accusamur blasphemiæ in Deum, neque syngrapha aliqua quam dederimus, nec per ea quæ sine scripto ore tenus publicè in Ecclesiis Dei disputauimus conuicti. Sed neque testis aliquis inuentus est, qui dicat impium quid ex nobis audiuisse, quod vel in obscuro aliquo loco dixerimus, *&c.*
Idem epist. 75. ad Neocæsarienf.
Quid igitur dico fratres? Non quòd ego ignorem me obnoxium peccatis, neque quòd vita mea non referta sit innumeris delictis. Noui enim me ipsum, nec cesso lachrimas profunde.

re propter peccata mea, si quo pacto mihi Deum placare, ac futuri supplicij comminationem effugere queam, &c.

Tanto minus dicet, quanto magis fuerit mūdus, propterea quòd perfectorū hoc est proprium, vt seipsos non extollát, alioquin arrogantiæ Pharisæi obnoxij essent, qui seipsum iustificans, condemnauit Publicanum, &c.

Si curabilia sunt nostra delicta, quare non obeditis doctori Ecclesiarum dicenti: Argue increpa, obsecra? Si verò scelus nostrum ita habet, vt sit immedicabile, quamobrem non in faciem nobis resistit aduersarius, vt patefactis sceleribus nostris, Ecclesias ab ea pernicie liberet, qua per nos illæ perduntur, &c. Iám sunt Episcopi, vocentur illi, vt causam cognoscant. Est Clerus in vnaquaque Dei parœcia, congregentur selectiores, ac probatiores. Dicat cum fiducia ac liberè qui volet, vt examen sit quod agitur, non conuicium. In conspectum ac publicum producat, si qua

Certes ce grand Saint marchoit bien plus simplement que nos delicats Iansenistes, qui sont si épurez, qu'ils condamnent tout autre amour de Dieu, que le seul pur amour de sa gloire, & ne peuuent souffrir que la crainte des chastimens eternels soit à vne sainte ame le iuste motif de ses larmes.

Mais d'autant plus (dit saint Basile) qu'vn homme sera pur & parfait, d'autant plus apprehendera- t-il de me iuger; car le propre des parfaits est de ne s'éleuer iamais eux-mesmes, parce qu'autrement ils seroient coupables de l'orgueil du Pharisien, qui se iustifiant soy-mesme condamna le pauure Publicain.

Si donc mes pechez ne sont pas incurables, pourquoy n'obeissez-vous pas au Docteur de l'Eglise, lors qu'il dit, Reprenez, reprochez, & coniurez ? Que si mon crime est de telle qualité qu'il ne soit pas guerissable, pourquoy mon accusateur ne paroist-il pas contre moy, pour me soûtenir en face la chose dont il me blâme, afin que mes crimes estant manifestez & reconnus, les Eglises soient purgées de cette contagion, de laquelle ie les infecte & les perds.

Il y a maintenant des Euesques dans les Eglises; qu'on les conuoque & les assemble pour iuger ce differend? Il y a vn Clergé en chaque Paroisse de Dieu ; qu'on choisisse d'entre eux les plus sages & les plus gens de bien pour me iuger? Qu'vn chacun dise asseurément & librement ce qu'il voudra, afin que ce qui se fera en cela soit vn examen, & non pas vne calomnie; Qu'on ne feigne pas de dire publiquement & à la veuë de tous, si ie suis assez méchant & malheureux pour auoir des crimes cachez dans les choses de la Foy. Que personne n'ait de haine contre moy, mais qu'il m'auertisse charitablement comme son frere. Et si ie suis soupçonné ou accusé de quelque erreur en la Foy, qu'on produise contre moy mes propres écrits. Car est-il raisonnable qu'on croye ce que des broüillons, qui n'ont iamais étudié, & qui n'ont aucune lecture ny intelligence des liures, peuuent dire ou alleguer contre moy ?

Aprés tout, mes tres-chers freres (dit-il aux Prestres de Neocesarée) ie vous permets de faire entre vous autres la recherche & l'examen des choses dont ie suis accusé. Est-ce

point que vous ayez si peu d'esprit & de suffisance, que vous ayez besoin d'aduocats pour vous instruire & vous éclaircir de la verité des choses?

Que si les raisons de ma Lettre vous paroissent claires & indubitables, faites en sorte que ces broüillons, ignorans, & quereleux qui m'accusent, se taisent: ou si vous trouvez quelque chose d'obscur & d'ambigu, demandez que ie vous enuoye des mediateurs, qui puissent vous rapporter, & vous expliquer fidelement & nettement mes sentimens. Ou si vous le iugez plus à propos, ie vous les enuoyeray par écrit.

Mais quelle preuue plus euidente vous puis-ie donner de ma foy, que de vous alleguer ce que i'ay appris de ma grand' mere cette sainte femme, cette illustre Macrine qui estoit de vôtre ville, & laquelle m'a éleué dés mon bas âge, de laquelle i'ay appris estant encore enfant, les maximes du grand S. Gregoire Thaumaturge, dont elle auoit conserué la memoire iusques alors, & dans lesquelles elle m'a formé, nourry, & éleué comme dans des dogmes de pieté.

sunt malitiae meae occulta facinora. Odio me ne tum quidem prosequatur, sed admoneat vt fratrem. Si verò erroris circa fidem culpamur, ostendantur nobis scripta nostra. Librorum iudex mox erit quicumque volet, qui nec prorsus eorum quicquam, quae ad libros iudicandos attinent, siue multum siue parum intelligit, &c. Vobis enim, fratres desideratissimi, permitto, vt inter vos ipsos eorum de quibus incusamur, examen faciatis. An vsque

adeo tardo estis ingenio, vt ad veri cognitionem omnino Aduocatis indigeatis? Quòd si nostra vobis indubitata videntur, curate vt omnem contentionem abiiciant contentiosi illi nugatores. Si verò ambiguum quid illis inesse videtur, rogate nos per intermediatores, qui nostra vobis fideliter referre & exponere queant; vel si videbitur, scripto comprehensas probationes exigite, *&c.*
Fidei verò nostrae quae poterit esse euidentior probatio, quàm quod à nutrice beata foemina, quae ex vestro gremio progressa est, (Macrinam dico illustrem illam) educati sumus. A qua & beatissimi Gregorij verba, quae memoriae beneficio ad illius vsque aetatem seruata ipsa retinuit, edocti sumus, quibus illa nos adhuc infantes, tanquam pietatis dogmatibus finxit ac formauit?

Voilà quelle a esté l'accusation & la defense de S. Basile, dans les deux Lettres alleguées par Monsieur Arnauld, & ce qu'il a teu & dissimulé, pour nous cacher sa fourbe, & le mauuais employ qu'il vouloit faire des paroles de ce saint Pere, que nous allons examiner, aprés auoir fait vn petit parallele entre saint Basile & Monsieur Arnauld, touchant le soupçon & l'accusation de l'vn & de l'autre.

S. BASILE estant accusé *d'auoir écrit vne Lettre* suppo-sée (& qui ne paroissoit point) *à vn homme de Syrie, il y auoit vingt ans & plus, dans les écrits duquel il y auoit quelques erreurs* de Sabellius, demandoit qu'on la luy re-presentast: Et vous, Monsieur Arnauld, vous estes ac-

SECTION VI.
Parallele de S. Basile auec M. Arnauld.

cufé d'auoir fait pour la doctrine condamnée de Ianfenius, des *Apologies* qu'on vous reprefente, d'auoir defendu les erreurs de cet homme; d'auoir foûtenu dans
vos Libelles & ceux de vos amis qu'on produit contre
vous, que ces fauffes maximes eftoient *Catholiques*, &
la faine doctrine de l'Eglife.

Dans le Cahier in-titulé, *Propofitiones de Gratia*, &c.

Saint Bafile dénioit auoir écrit cette Lettre dont il
demandoit la reprefentation : & vous, Monfieur, au lieu
de dénier vos liures & vos écrits, ou de les retracter,
vous les foûtenez fortement, en difant, que vous n'eftes

1. Lett. page 20.

iamais *tombez en erreur*.

Saint Bafile declare hautement qu'on ne peut produire aucun de fes écrits qui *l'accufe d'erreur; ny méme de témoin, qui depofe luy auoir entendu prefcher dans l'Eglife, ou enfeigner dans l'entretien familier & fecret auec fes amis,
aucune chofe contre la Foy* : Et au contraire fi ce n'eft affez
de produire vos Liures, les Chaires de Paris font preftes
de depofer contre les voftres, & de les accufer des nouuelles maximes qu'ils ont fait retentir dans nos Eglifes.

Saint Bafile ce grand Saint fe reconnoift *pecheur & fuiet à faillir* : Et vous, Monfieur Arnauld, vous vous dé-

2. Lett. page 38.

1. Lett. page 15, & page 25.

2. Lett. page 49.

clarez auec les voftres pour *les enfans de Dieu*, pour *la
lumiere, pour des perfonnes toutes de modeftie, d'humilité, de
probité, & de vie irreprochable; pour des Preftres qui ne s'oc-
cupent qu'à prier Dieu, & à lire les Peres dans vne retraite
toute tranquille, & vne folitude toute fainte*.

O les grands Saints! mais eft-ce là parler comme S. Ba-
file? *le propre des parfaits* (dit S. Bafile) *eft de ne s'éleuer iamais
eux-mefmes, pour éuiter de tomber dans l'orgueil du Pharifien*;
mais que veulent dire, Monfieur, les grands & illuftres
eloges que vous vous donnez à vous-mefme, dans vos
deux *Lettres*? N'eft-ce point tomber dans le *Pharifaïfme*
de parler comme vous faites de vous-mefme; dans vn
temps où tout le monde vous accufe de *rebellion* contre
le S. Siege, & condamne vos erreurs & voftre conduite fi
peu reglée depuis la Bulle?

Saint Bafile fe plaignoit de ce que fon accufateur ne

paroiſſoit pas deuant luy; Et vous voyez le Pape, les Eueſques de France, & tous les Catholiques attroupez, qui
condamnent la doctrine de Ianſenius, que vous defendez encore dans voſtre ſeconde *Lettre.*

Saint Baſile demandoit pour *iuges les Eueſques voiſins:*
Et vous, Monſieur, vous inſiſtez contre le celebre Iugement des Eueſques de France, qui en ſuite de vos Libelles faits depuis la Bulle, ont declaré contre vous, que
les cinq Propoſitions ſont de Ianſenius, & condamnées dans
ſon ſens.

Saint Baſile ſe ſoûmettoit au iugement *des Preſtres, du*
Clergé, & du peuple de Neoceſarée; Et vous ne voulez pas
vous ſoûmettre au dernier *Decret* du Pape, qui *condamne*
la doctrine de Ianſenius dans les cinq Propoſitions cenſurées, ny
au celebre Iugement des Eueſques de France.

Saint Baſile declaroit à ce meſme Clergé, que s'il ſe
trouuoit quelque choſe d'obſcur ou d'ambigu dans ſes paroles,
il eſtoit preſt de s'expliquer, ſoit par écrit, ſoit par la bouche de
quelques perſonnes intelligentes, pour les ſatisfaire pleinement: Et vous, Monſieur, vous calomniez & inuectiuez
contre le Clergé d'vne des plus celebres Paroiſſes de Paris,
qui demande que vous ayez à declarer ſincerement voſtre
ſoûmiſſion au Decret du Pape, & à condamner les propoſitions cenſurées par des paroles claires, intelligibles,
& ſans ambiguité, en la meſme maniere que le Pape &
les Eueſques de France les condamnent.

Enfin ſaint Baſile pour iuſtifier la pureté de ſa Foy, dit
qu'il retient & conſerue la meſme Foy du grand ſaint
Gregoire Thaumaturge, *dans laquelle ſa grand' Mere, cette*
illuſtre Matrone l'auoit éleué dés ſa plus tendre ieuneſſe; Et
vous, Monſieur, vous nous enſeignez dans vos Liures vne
Foy nouuelle, oppoſée & contraire à la Foy de nos peres
& de nos meres, qui nous ont allaittez du meſme lait de
la doctrine, dont ils auoient eſté nourris dans leur en-
fance.

Vous iugez donc, Monſieur, par cette grande diſpa-
rité de fait & de circonſtances, que vous euſſiez bien

mieux fait de ne point affecter de paroiſtre ſi verſé dans l'Hiſtoire Eccleſiaſtique, que de corrompre ainſi viſiblement les choſes que vous auez alleguées pour voſtre defenſe. Mais paſſons au texte de ſaint Baſile, que vous auez cité, pour dégorger par vn artifice deteſtable le venin de voſtre calomnie, ſur les Eueſques de France, pour vous auoir dépleu, lors qu'ils ont dit dans leur *Lettre*, que les *Propoſitions cenſurées ſont dans le Liure de Ianſenius, & qu'elles ſont condamnées au propre ſens de cet Auteur.*

Qu'on aſſemble (dit Monſieur Arnauld ſous le nom de Saint Baſile) *des iuges habiles ; qu'vn chacun diſe auec liberté ce qu'il voudra, afin que ce ſoit vn iugement rendu auec connoiſſance de cauſe, & non pas vne diffamation ſans examen &c. Si on me reprend d'erreur contre la foy, qu'on me repreſente ce que i'ay eſcrit ; qu'on le faſſe examiner par des iuges equitables, & qui ne fauoriſent aucun des partis ; qu'on examine, ſi ce n'eſt point pluſtoſt par l'ignorance des accuſateurs, qu'on trouue à redire à mes eſcrits, que parce qu'ils ſoient eux meſmes dignes de cenſure? Car il y a beaucoup de choſes bonnes, qui ne paroiſſent pas telles, à ceux qui n'ont pas l'eſprit aſſez éclairé, ny le iugement aſſez ſolide.* Voilà ce que cet Eſcriuain dit ſourdement, quoique tres-intelligiblement, & tres impertinemment en l'honneur du Pape & des Eueſques de France, par la bouche de S. Baſile, qui parloit ainſi dans vn autre fait & dans d'autres circonſtances, comme nous auons fait voir cy-deſſus.

Quoy donc, Monſieur Arnauld! le Pape, ſon Conſiſtoire, & les Eueſques de France, qui ont condamné la doctrine de Ianſenius, ne ſont pas des *iuges habiles?* Vos deputez n'ont-ils pas dit aux pieds du S. Siege, tout ce qu'ils ont voulu, pour défendre la doctrine de Ianſenius, que vous dites ſi fauſſement *eſtre celle de S. Auguſtin?* Quoy donc! le Pape & les Eueſques de France l'ont condamnée *ſans connoiſſance de cauſe, par vne diffamation ſans examen?* Ne vous a-t-on pas repreſenté ce que vous auez écrit dans vos *Apologies,* & ce qui contredit, dans

vos

vos libelles composez depuis la Bulle, ce que vous dites auiourd'huy dans voſtre 2. *Lettre* ? En falloit-il dauantage pour vous conuaincre d'eſtre *tombez en erreur* ? Le Pape & les Eueſques de France, qui condamnent la doctrine de Ianſenius, qui diſent que *les cinq Propoſitions ſont de Ianſenius*, qui appellent *Rebelles* ceux qui la defendent encore, comme vous faites en face de l'Egliſe, ne ſont-ils point *des Iuges equitables* ? Ont-ils *fauoriſé le party* qui vous eſt contraire au preiudice de leur conſcience & de l'honneur de l'Egliſe ? Nous direz-vous que ces illuſtres accuſateurs de la doctrine de Ianſenius, que vous defendez encore, ſont des *ignorans*, & *que dans cette doctrine condamnée, il y a des choſes bonnes, qui ne leur ont pas paru telles, parce qu'ils n'ont pas l'eſprit aſſez éclairé, ny le iugement aſſez ſolide & aſſez exact ?*

Grand Dieu ! Qui ouit iamais parler de la ſorte dans l'Egliſe ? Qui vid iamais vne entrepriſe ſemblable contre les oingts du Seigneur, par vn Docteur particulier, qui ſe dit dans ſa premiere Lettre, *le ſincere venerateur du S. Siege, le vray enfant de l'Egliſe Catholique, qui ſçait s'humilier ſous le Vicaire de Dieu* ; qui dit que ceux qui ſont au Port Royal, ſont *d'vne condition toute d'humilité, de modeſtie, de vertu & de probité irreprochable, & les perſonnes les plus orthodoxes & les plus pieuſes de toutes conditions ?* O qu'il y a dans le Port Royal de diſtance entre les œuures & les paroles, & pour parler auec S. Hieroſme contre les Nouateurs, que le *ſecret de leur cellule entend bien vn autre langage, que celuy qu'ils proferent dans le Monde, & qu'ils publient dans leurs écrits* ? & aprés tout cela ils nous diront encore dans leur *Lettre*, Que *le Port Royal eſt vne retraite ſainte, d'où les déguiſemens, les fauſſetez, & les equiuoques ſont bannies*. Accordez, Monſieur Arnauld, ſi vous pouuez, cet eloge auec les preuues ſolides & inuincibles, qui vous conuainquent malgré vous du contraire.

Il eſt vray que ce n'eſt pas vne choſe bien nouuelle, que Monſieur Arnauld ſoit iniuſte & violent dans ſes attaques contre ſes aduerſaires, puiſqu'on ſçait que dans le

K

1. *Lettre* pag. 11. & 12.
Page 9.
Page 11. & 15.
Page 27.
Hieron. epiſt. ad Cteſiph.
Aliud audiunt cubiculorum ſecreta, aliud roſtrorum populi.

2. *Lettre* page 9.

Sect. VII.
Defenſe de M. Arnauld.

premier Liure, qui parut sous son nom , ayant pris vne
ombre innocente pour le corps veritable de l'ennemy inueteré , qu'vne haine hereditaire luy ramenoit
sans cesse deuant les yeux , je veux dire qu'ayant pris
par mesgarde le liure d'vn Chartreux, (dont la doctrine a tousiours esté autant estimée des Sçauans, que l'o-
deur de sainteté dans laquelle il est mort, est en honneur dans l'Eglise) pour le Liure d'vn Iesuite; il dégorgea
sur cette ame innocente tout le venin de sa bile.

Mais, Monsieur, que vous auoit fait ce S. personnage,
pour attirer sur sa doctrine & sur sa teste tant d'execra-
tions de vostre bouche dans le temps que la sienne estoit
ouuerte dans le Ciel, pour obtenir le pardon de vos pechez, & la conuersion de vostre ame ? Que vous auoit-il
Freq. Communion
pag.36. 43. 37. 44.
67. 65.
fait pour l'accuser *d'égarement , d'indiscretion , & de mau-*
uaise doctrine; de se tromper, & de vouloir tromper les autres; de
vouloir abuser les ames par vne fausse douceur ; de croire que tou-
te l'Eglise dépendoit de luy; de n'estre ny sçauant, ny iudicieux?
Que vous auoit-il fait, pour le noircir d'autant de calomnies, qu'il y a de lignes dans vostre Liure , qui s'adres-
sent à luy ? Estoit-ce donner vne preuue inuincible de
vostre *patience* incomparable, que d'attaquer vn innocent,
que d'iniurier vn saint homme, qui estoit mort tant d'années auant que vous fussiez au monde ?

Et puis vous nous direz modestement dans vostre 2.
Lettre, que *ce n'est pas vn crime qu'on vous doiue reprocher,*
2.Lettre pag. 114.
d'auoir tasché d'imiter le diuin modele de tous les innocens ca-
lomniez , dont il a esté dit par vn Pere de l'Eglise, au suiet de son
silence dans le fort de sa passion, *Saginari voluptate patien-*
tiæ volebat, qu'il vouloit s'engraisser & se saouler des delices de la patience.

Quoy donc ! vous qui voulez icy passer parmy nous
pour le miroir de la *patience* reformée, n'estoit ce pas
assez d'égaler la vostre à celle de Iob, sans vous rendre
ridicule & impie en mesme temps, lors que vous affectez
de comparer vos souffrances à celles de I. C. dans l'accés
de ses plus violentes douleurs ? Mais, Monsieur, pardon-

nez moy fi ie vous dis que fans tomber en erreur, nous
pouuons croire qu'au Port Royal vous vous nourriffez
de morceaux plus friands & plus delicats, que ceux de
la *patience* fublime, dont vous vous dites fi fauffement
l'imitateur.

Ne fçait-on pas auffi que cet Efcriuain m'accabla
d'iniures & d'opprobres dans l'vn de fes libelles, auant
que i'euffe iamais proferé fon nom, ny parlé de luy dans
mes liures; & qu'ayant efté repouffé plus viuement qu'il
ne penfoit, il a fait vœu depuis de garder pour moy le
filence? Mais que ce Docteur foit autant iniufte dans fa
propre defenfe (que le droit naturel autorife en tous
les hommes), qu'il eft iniufte dans fon attaque, c'eft ce
qui furprend tout le monde.

Ie pourrois dire qu'il eft iniufte dans fa defenfe, non
feulement à noftre égard, mais encore à l'égard de foy-
mefme, puifqu'il a fi foiblement defendu fa propofition
Caluinifte touchant l'Euchariftie, & qu'il a mefme renoncé à fa propre defenfe, dans l'accufation qu'on luy a
faite, d'auoir mis dans fa 1. Lettre, vne herefie tres no-
table, contre la Foy que nous auons de l'égalité des perfonnes diuines, dont nous auons parlé cy-deffus ; Mais
ie ne veux icy m'arrefter qu'à l'iniuftice des defenfes,
qu'il propofe dans fa 2. *Lettre*, lors que pour fe lauer de   2. *Lettre page* 47.
la iufte prefomption que l'on a que fa Foy n'eft pas faine   *& alibi.*
& entiere, dans les cinq Propofitions condamnées, il dit   *Page* 71.
qu'on l'accufe, & qu'on le iuge fur de vains foupçons ; il dit,
qu'on luy attribuë vne herefie imaginaire, & qu'enfin *il eft obli-*   *Page* 159.
gé en confcience d'empefcher que la doctrine de S. Auguftin ne
foit fleftrie; comme fi ce grand S. luy auoit adreffé par
vn Ange vne procuration fpeciale, pour le defendre contre toute l'Eglife affemblée & coniurée à la perte de fon
honneur, & de la doctrine Catholique qu'il nous a laif-
fée dans fes Liures.

Qvant au premier chef de fa defenfe, il dit que *ceux qui*   Sect. VIII.
pretendent que les herefies que le Pape a condamnées, ont efté fou-   1. *Chef, qu'on le*
ftenuës par des perfonnes auant la condamnation, monftrent bien   *condamne fur*

de vains fou-
pçons.

Page 124.
2. Lettre pag. 121.
Page 120.
Ibid.
Pag. 77. 31. 33. &
autres.

qu'ils font ignorans, & qu'ils ne recherchent qu'à repaiſtre le monde de fantoſmes & de chimeres; que perſonne ne ſouſtient ces Propoſitions, quoy qu'il y en ait à qui on les attribuë; qu'on leur impute fauſſement des hereſies; que c'eſt à ſes aduerſaires de prendre garde, ſi ce n'eſt point vne veritable magie, c'eſt à dire, vn art de demon, d'impoſer ſi hardiment à leurs Freres tout le contraire de ce qu'ils ont écrit, & de fonder ſur des impoſtures ſi groſſieres, la plus ſcandaleuſe de toutes les diffamations, qui eſt celle de l'hereſie; Qu'on ne les iuge que ſur des ſoupçons, & qu'on le *condamne luy* & ſes complices ſur de vains ſoupçons.

Certes à entendre Monſieur Arnauld, il eſt tres-innocent; & ſes aduerſaires ont grand tort de douter de ſa foy, aprés tant de plaintes, & de proteſtations reïterées qu'il nous fait, que luy & ſes complices n'ont iamais trempé dans l'erreur de la doctrine condamnée dans le Liure de Ianſenius : Mais il deuroit nous apporter des preuues plus ſolides, ❡ des ſimples paroles qui ſe détruiſent elles meſmes, lors qu'on les met en face de ſes Liures precedens, dans leſquels il a ſouſtenu auant la Bulle, que ces Propoſitions eſtoient Catholiques, pour en faire le parallele : Et comme ie fuis autant qu'il m'eſt poſſible, la longueur du diſcours, ie ne diray que deux choſes pour luy fermer la bouche, & pour appaiſer le grand bruit, qu'il nous fait ſur ce ſuiet.

1. Lettre pag. 5.
1. Apologie pour
Ianſenius dans
l'aduis.

La premiere eſt, qu'il demeure d'accord *que les cinq Propoſitions ſont heretiques,* qu'il ne peut pas nier que dans ſon *Apologie,* il n'ait dit auant la Bulle, *que la doctrine de Ianſenius n'eſt autre que la doctrine de S. Auguſtin;* qu'il n'ait

Memoire ſur le deſ-
ſein qu'ont les Ie-
ſuites. &c. art. 8.

encore ſouſtenu aprés la Bulle, dans l'vn de ſes libelles, *que les ſentimens de Ianſenius ſur le ſuiet de ces Propoſitions, ſont les meſmes que ceux de S. Auguſtin;* & que parlant dans vn autre libelle de ces meſmes propoſitions, il ne les ait qualifiées *les plus ſaintes* & *les plus conſtantes maximes de la grace.*

Conſiderat. ſur l'en-
trepriſe de Monſieur
Cornet.

Tout cela, Monſieur Arnauld, n'eſt point *vne magie ny vn art de Demon;* ſi ce n'eſt que vous vouliez qualifier de ce nom, vos paroles & vos ſentimens. Vos paroles & vos fentimens grauez fur le papier & imprimez en fi beaux caracteres, pafferont-ils auprés des fages pour de *fimples foupçons*, pour *des fantofmes & des chimeres ?* Nous direz-vous encore qu'on *vous impute fauffement ces Propofitions ou ces herefies ?* Prenez-vous pour des *impoftures groffieres*, ce que tout le monde lit dans vos Liures? Et fi nous vous demandons en quel fens vous auez foûftenu, que ces Propofitions eftoient Catholiques, & *les plus faintes*, *& les plus conftantes maximes de la Grace*, que direz-vous?

Ie fçay bien que vous nous repartirez (comme dans l'vn de vos libelles) que *vous ne les voulez point fouftenir en quelque fens que ce foit*; à la bonne heure fi vous dites la verité, mais cela ne fait pas que vous ne les ayez foûftenuës pour Catholiques, & pour *les plus faintes & les plus conftantes maximes de la grace*; & que dans voftre 2. *Lettre*, vous ne renouuelliez encore la premiere, & la feconde des cinq Propofitions cenfurées, ainfi que nous l'auons obferué : & par confequent que vous ne foyez *tombez en erreur* fans vous en eftre releuez. Cela ne fait pas qu'on vous ait *iugé fur de vains foupçons;* Cela ne fait pas que ceux qui vous accufent, foient *ignorans*, fi ce n'eft que par vne difgrace toute extraordinaire on deuienne *ignorant* en lifant vos Liures; Cela ne fait pas que ceux qui difent, que vous auez foûftenu ces Propofitions, *repaiffent le monde de fantofmes & de chimeres*, fi tous vos Liures premierement ne paffent dans le monde pour *des fantofmes & des chimeres.*

Ceffez donc de vous plaindre fi iniuftement de tous ceux, qui vous conuainquent maintenant d'auoir foûftenu les herefies, ou les Propofitions condamnées par le Pape, que vous nous dites hardiment auiourd'huy *n'auoir iamais foûftenuës.* Quant à moy, i'auoüe franchement, qu'il faut vn front de Nouateur, pour fupporter fans rougir, vne honte pareille, & démentir nos yeux de ce qu'ils lifent dans vos propres efcrits.

La feconde eft, que les Cardinaux, Archeuefques, & Euefques de France, dans la *Lettre Circulaire* qu'ils firent

Memoire fur le deffein qu'ont les Iefuites. pag I.

Dans le Cahier intitulé : Propofit. de gratia.

Lettre des Euefques de France du 28. May 1654.

aprés la Bulle , à raison de quelques libelles du Port
Royal, qui renouuelloient les erreurs condamnées dans
le Liure de Ianfenius, nous apprennent que ces herefies
ont efté fouftenuës, auant & aprés la Bulle, par quelques
perfonnes qui aimoient , *& qui aiment encore les opinions de
Ianfenius,* pour lequel Monfieur Arnauld a fait de nouuelles Apologies dans fa 2. Lettre.

Ces Prelats toutefois , qui font la plus noble partie des
plus grands hommes de noftre fiecle , ne font pas des
*ignorans, qui recherchent à repaiftre les fideles de fantofmes & de
chimeres ;* Ces Anges (ainfi que l'Efcriture les appelle) ne
peuuent eftre prefumez d'auoir *imputé fauffement des herefies* aux amis de Ianfenius & de fa doctrine, tels que vous
auez efté, & que vous eftes encore : Ce n'a point efté *vne
magie ny vn art de Demon* aux Euefques de Frãce, d'auoir imputé aux Sectaires & aux defenfeurs de la doctrine de Ianfenius , par *vne impofture groffiere, la plus fcandaleufe de toutes
les diffamations , qui eft celle de l'herefie :* Enfin cès Peres de
l'Eglife prefente , ne feront iamais foupçonnez d'auoir
condamné les Sectaires, ou les amis de la doctrine de Ianfenius *fur de fimples foupçons* , non plus qu'Innocent X.
lors que dans fon dernier *Decret,* il a declaré qu'il *auoit condamné par fa Bulle precedente, dans les cinq Propofitions cenfurées
à l'occafion de Ianfenius, la doctrine de cet Auteur contenuë
dans fon Liure intitulé Auguftinus.*

Mais faifons taire icy nos raifons , pour entendre parler le S. Efprit dans l'Affemblée des Euefques de France,
& dans leur Lettre Circulaire. *Nous auions (difent-ils)
efperé, que ceux qui aiment & fuiuent les opinions de Ianfenius,
cefferoient d'exciter des troubles, aprés qu'Innocent X. a frappé
d'anatheme les cinq Propofitions de cet Auteur &c. Mais il eft arriué entierement le contraire de ce que nous attendions; & nous ne
pouuons affez nous eftonner, qu'aprés que noftre tres-S. Pere Innocent X. les a condamnées par vne Conftitution tres-equitable
& tres-fainte, & auec des termes tres-clairs & tres-exprez, ces
perfonnes ozent affeurer, & tafchent de perfuader aux autres deux
chofes, qui n'ont aucun fondement.* (Efcoutez bien Monfieur

*Lettre des Euef-
ques de France du
28. May 1654.*

*Decret du 29. Sept.
1654.*

*Lettre des Euefques
de France du 28.
May 1654.*

Arnauld, car tout cecy vous regarde.) *La premiere, que les cinq Propositions ne sont point de Iansenius ; la seconde qu'elles ont esté condamnées en vn sens, qui n'appartient en rien à Iansenius, &c.*

*Reconnoissant donc que ces choses seruent d'achoppement à quelques ignorans & infirmes, &c. Nous auons iugé à propos d'empescher de bonne heure, que le venin qui attaque desia quelques personnes, ne se respande dauantage, &c. Nous auons commis le soin de cette affaire à la diligence de nos Freres les Illustrißimes & Reuerendißimes Archeuesques de Tours, d'Ambrun, de Rouën, de Thoulouse, des Euesques d'Autun, de Montauban, de Rennes, & de Chartres, (*voyez vous ces noms illustres que tous les doctes reuerent*) afin qu'ils nous fissent en suite le rapport de ce qu'ils auroient remarqué, & de l'aduis qu'ils auroient formé.*

Ces Prelats ont reconnu tres-clairement par la lecture de la Constitution, & encore par celle des Liures de Iansenius, qu'ils ont soigneusement leus & examinez, pour ce qui regarde les cinq Propositions, &c. que ces cinq Propositions sont vrayement de Iansenius, & qu'elles sont condamnées au propre sens de leurs paroles, qui est celuy-là mesme, auquel cet Auteur les enseigne & les explique &c. Et aprés que nous auons examiné & reconnu clairement la chose, nous auons declaré & declarons par nostre present Iugement, qu'elle est tout à fait comme ils l'ont declarée, & que cela ne peut estre mis en doute.

Voilà ce qu'en disent les Euesques de France dans leur celebre Assemblée, de laquelle on peut dire tres-iustement, ce que disoit autrefois S. Augustin de huit d'entre les SS. Peres, S. Irenée, S. Cyprien, Reticius, Olympius, S. Hilaire, S. Basile, S. Gregoire, & S. Iean Chrysostome, qu'il auoit citez contre Iulien, pour le conuaincre de son erreur; qui est qu'on auroit peine d'en trouuer de semblables en doctrine & en sçauoir, & en aussi grand nombre dans les Conciles Prouinciaux, qu'il s'en est rencontré dans cette illustre Assemblée de Prelats, qui nous declare par son celebre Iugement que *les cinq Propositions sont de Iansenius, & qu'elles sont condamnées au sens de*

Aug. lib. 2. contra Iulian. cap. 10. circa finem.
Si Episcopalis Synodus ex toto orbe congregaretur, mirum, si tales possent illic facilè sedere tot.

Aug. ibidem.
Numquid de qua-
liumcumque Cle-
ricorum turba sunt
isti ? &c.
Isti Episcopi sunt
docti, graues, san-
cti, veritatis acerri-
mi defensores ad-
uersus garrulas va-
nitates.
2. Lettre page 150.
Response au P. An-
nat dans l'Auant-
propos.

cet *Auteur. Hé quoy*, Monsieur Arnauld ! (pour me seruir
contre vous des termes de S. Augustin.) ces *Prelats sont-*
ils de la lie du peuple , ou du commun d'entre les Ecclesiastiques?
&c. *Ces Euesques sont doctes , sont maiestueux , sont pieux &*
les tres-ardens defenseurs de la verité contre toutes vos nou-
ueautez profanes , & vos vaines caioleries ; d'où vient donc
que vous auez le front de dire dans vostre 2. *Lettre ,* que
vous *n'auez point leu dans Iansenius les cinq Propositions qu'on*
luy attribuë? d'où vient que vous auez dit ailleurs , que
cette verité de fait, qui est que les Propositions condamnées ne
sont point de Monsieur d'Ypre, ne peut estre contestée par aucune
personne habile & equitable, qui aura pris la peine de les exami-
ner ? Ces grands hommes successeurs des Apostres , ne
sont-ils ny *habiles ny equitables ? N'ont-ils pas pris la peine de*
les examiner, par les huit deputez , & par eux mesmes,
comme ils nous le disent dans leur *Lettre Circulaire ?* Apprenez donc desormais , Monsieur Arnauld , non pas à
parler, car vous n'en dites que trop , pour vous faire iuger heretique aussi bien que temeraire ; mais à obeir, &
à vous taire.

Et toutefois ce Docteur, dont le Iugement merite
peut-estre d'estre preferé à la deliberation de cette Auguste Assemblée, & mesme d'vn Concile Oecumenique,
2. Lettre page 130. met tousiours en doute dans *sa 2. Lettre ,* que les propositions censurées soient de Iansenius , & a *fait des Apolo-*
gies pour cet Auteur, lequel il defend encore , *parce,* dit-il ,
qu'il y alloit de l'interest de Dieu & de l'honneur de l'Eglise, de ne
pas souffrir que sous le nom de Iansenius , on fist passer les plus
constantes maximes de la doctrine de S. Augustin, pour des impie-
tez & des heresies. Voyez-vous la modestie, l'humilité &
la soumission de cet humble Docteur, qui continuë à
parler de la sorte , après auoir leu & releu *la Lettre circu-*
laire des Euesques de France.

Il est donc faux, Monsieur Arnauld, que vos aduersaires vous ayent accusé & iugé sur de *vains soupçons ;* ny
qu'ils vous ayent imposé des *chimeres,* puisqu'ils estoient
fondez sur les *Decrets d'Innocent X.* qui condamnent nettement

tement la doctrine de Ianfenius, qu'on foûtient & defend encore au Port Royal; puifqu'ils eftoient fondez
fur la deliberation de l'augufte Affemblée des Euefques
de France, qui en confequence des Libelles du Port
Royal, qui difoient, que de condamner les cinq Propofitions dans Ianfenius, c'eftoit condamner *les plus faintes & les plus conftantes maximes de la Grace*, a rendu fon
celebre Iugement, qui en condamne les auteurs tels que
vous eftes. Enfin ils eftoient fondez fur vos propres é-
crits, qui dans les Nouateurs ont toufiours efté la matiere de leur anatheme & de leur condamnation.

Confiderations fur
l'entreprife de Mon-
fieur Cornet.

Car qu'y a-t-il de plus folide & de plus affeuré pour
conuaincre vn heretique, que de luy reprefenter fes é-
crits, qui par vn témoignage public ont diffamé fon nom
& fa foy, par des erreurs imprimées en fi gros caracteres, que les voftres? Ne dites donc plus que vos aduerfaires vous ont *accufez, iugez & condamnez fur de vains foupçons,*
puifque vos liures & vos écrits font les témoins irreprochables qui depofent auiourd'huy contre vous-mefmes,
qui vous accufent, vous iugent, & vous condamnent.

Vous nous direz peut-eftre, comme vous auez defia
fait, lors que vous vous comparez dans voftre Lettre
aux plus faints Peres de l'Eglife, que faint Bafile fut *autrefois accufé fur des foupçons d'eftre tombé dans l'herefie de Sabellius.* Mais, Monfieur, où nous monftrerez-vous que
ce faint Pere ait iamais fait des *Apologies*, pour defendre la doctrine de Sabellius, auant & aprés la condamnation de cet Herefiarque, comme vous auez fait pour
la doctrine de Ianfenius? Difoit-il dans fes liures, que
c'eftoit condamner la doctrine de l'Eglife, que de vouloir condamner la doctrine de Sabellius? Où nous monftrerez-vous que les liures faits pour la defenfe de la doctrine de cet Herefiarque aprés fa condamnation, foient
partis de l'étude de S. Bafile, comme ceux qui ont efté
faits pour la defenfe de la doctrine condamnée de Ianfenius, font partis de la plume du Port Royal? Où li-
rez-vous qu'aprés vne affemblée des Prelats de la Gre-

2. Lettre page 82.
S. Bafil. epift. 79.

L

ce, qui ayent condamné la doctrine de Sabellius, saint
Basile l'ait defenduë contre & au preiudice des Decrets
du Pape, & de la deliberation de ces Euesques, comme vous auez fait, & faites encore à present, pour defendre la doctrine condamnée de Ianfenius?

Et si nous vous difons fur le fuiet de faint Hierofme,
de faint Bernard, & des autres, qui ont efté foupçonnez, la mefme chofe que nous venons de remarquer en
la perfonne de faint Bafile, que nous pourrez-vous re-
partir? C'eft à vous d'y penfer, & à nous de nous dé-
fier de vos furprifes, & de tous vos artifices, puifque
de tous les exemples que vous nous alleguez, il n'y en
a pas vn qui vous puiffe eftre approprié dans toutes fes
circonftances, qui pourroient enfin rendre voftre perfonne auffi coupable par voftre opiniaftreté, que voftre
foy l'eft par fon erreur.

LA longue difcuffion du premier chef de la defenfe
de ce Docteur, doit accourcir la déduction du fuiuant, par
lequel il pretend pour feconde defenfe, *qu'on luy attribuë
fans preuue vne herefie imaginaire:* Car, Môfieur, puifque vous
auoüez que *les cinq Propofitions font heretiques,* & qu'il eft
conftant & public, que la *Lettre circulaire des Euefques de
France,* rend vous & les voftres (c'eft à dire les auteurs de
ces *Libelles* du Port Royal marquez & feellez du caractere de voftre ftile) coupables de foûtenir encore depuis la condamnation de la Bulle, ces propofitions cenfurées dans le liure de Ianfenius, il faut par vne confequence neceffaire, que voftre plainte foit iniufte, lors
que vous dites qu'*on vous attribuë des erreurs imaginaires,
fans vn ferme & folide fondement,* puifqu'il n'y a point de
baze plus ferme que l'oracle du faint Efprit, qui fe diuul-
gue par l'organe des Euefques affemblez au nom de
Iefus-Chrift, pour s'oppofer aux erreurs, qui menacent
l'Eglife d'herefie ou de fchifme; & qu'il eft faux qu'on
vous attribuë vne herefie imaginaire; puifque ces Prelats af-

femblez nous difent dans leur *Lettre circulaire,* qu'ils
auoient *efperé que ceux qui aiment & fuiuent encore les opi-*

niers de Ianfenius (dont vous vous declarez le Chef par l'Apologie que vous en faites dans voftre feconde Lettre) cefferoient d'exciter des troubles, aprés qu'Innocent X. a frapé d'anatheme les cinq Propofitions de cet Auteur. Mais qu'il eſt arriué tout le contraire, &c. Et qu'on ne peut affez s'eſtonner, de ce que ces perfonnes ofent affeurer deux chofes: La premiere que les Propofitions ne font pas de Ianfenius (ainfi que Monfieur Arnauld l'a écrit dans vn Libelle contre le Pere Annat) la feconde, qu'elles ont eſté condamnées dans vn fens, qui n'appartient en rien à Ianfenius, qui eſt ce que les Ianfeniftes difent tous les iours dans Paris & ailleurs, ce qu'ils ont écrit dans leurs liures, & ce que Monfieur Arnauld nous veut adroitement infinuër, dans la feconde partie de fa feconde Lettre, lors qu'il defend ouuertement Ianfenius & fa doctrine, contre le Pape, & contre les Euefques de France qui la condamnent.

Réponſe au Pere Annat dans l'Auantpropos.

Certes aprés tant de témoignages publics, Monfieur Arnauld ne peut plus dire, du moins en verité, que l'hereſie que les noftres luy attribuent, foit vne imagination, vne fimple fiction, vne *chimere*, ou vne idée de Platon, puifque luy-mefme fouftient encore dans fa *feconde Lettre*, la premiere & la feconde des Propofitions cenfurées, & que les Euefques de France reconnoiffent & declarent, qu'il y a des perfonnes qui font infectées de cette erreur, & qui la portent dans le fein, comme les veritables fuppofts, dans lefquels elle refide.

C'eſt ce qui nous porte infenfiblement au troifiéme chef, que Monfieur Arnauld allegue pour fa defenfe, qui confifte en vn cas de confcience, dont la refolution demanderoit l'affemblée de plufieurs Cafuiftes, autres que ceux du Port Royal: Car il s'agit de fçauoir entre Monfieur Arnauld d'vne part; & le Pape affis dans la Chaire de faint Pierre, au milieu de fon Confiftoire, & les Euefques de France affemblez d'autre part; quels font ceux de l'vn ou de l'autre party, qui font le plus étroitement obligez *en confcience, d'empefcher que la doctrine de faint Auguftin ne foit flêtrie,* c'eſt à dire, fi Monfieur Arnauld

SECTION X. *Troifiéme chef, qui confifte en vn cas de confcience difficile à refoudre au Port Royal.*

2. Lettre page 159.

L ij

en qualité de Docteur particulier, n'y est pas encore plus étroitement obligé, que ne sont l'Eglise Romaine & l'Eglise Gallicane.

Certes ce cas est difficile à resoudre entre les Doctes du Port Royal, parce qu'ils portent, disent-ils, vn grand respect au Pape & aux Euesques de France; Ce Docteur neantmoins ayant consideré par sa grande & incomparable suffisance, que si la doctrine de Iansenius est condamnée au suiet des cinq Propositions censurées, on condamne *les plus-saintes & les plus constantes maximes de la Grace, & de la doctrine de saint Augustin*, parce que *les sentimens de Iansenius sur ce suiet, sont les mesmes que ceux de saint Augustin*; & s'estant aussi persuadé en soy-mesme, par son humilité & sa modestie ordinaire, que le Pape auec son Conseil, & les Euesques de France assemblez en suite des Libelles où Monsieur Arnauld faisoit ces belles remonstrances, ne pouuoient pas preuoir cette consequence, peut-estre parce qu'ils n'ont iamais leu saint Augustin, ou qu'ils ne sont pas capables de l'entendre, il a conclu finalement qu'il estoit *obligé en conscience*, par preference au Pape & aux Euesques de France, *de ne pas souffrir, que la doctrine de ce saint Docteur, soit flétrie & deshonorée en elle-mesme, sous le nom de Iansenius; Et cependant* (dit-il en suite) *ce n'est que dans ce dessein mal-heureux, qu'on s'attache tant à Iansenius.*

I'auoüe que si Messeigneurs les Prelats, qui dans leur Assemblée ont condamné la doctrine de Iansenius dans les cinq Propositions, & declaré qu'*il y a des personnes qui osent encore asseurer, qu'elles n'ont pas esté condamnées au sens de cet Auteur*, n'estoient encore pleins de vie, & n'auoient l'autorité en main, pour se defendre eux-mesmes, & punit ces accusations infames, & ces horribles blasphemes, ie ferois voir icy clairement la fausseté des vaines pretensions de ce Docteur temeraire, quoy que ie l'aye fait par auance, dans le Liure intitulé, *Regles de saint Augustin, pour l'intelligence de sa doctrine*, où ie refute en suite tous les principes de Iansenius, par Iansenius mesme, & par S. Augustin.

I'ay regret toutefois d'auoir donné à ce Docteur du Port Royal, la qualité de *Temeraire* ; mais i'ay peine de me retenir, quand ie considere ce qu'il écrit dans sa *seconde Lettre*, en suite du texte que nous venons d'alleguer ; Car bien qu'il ait leu & releu la *Lettre circulaire* des Euesques de France, (dans laquelle ils nous exposent, qu'*aprés auoir examiné le Liure de Iansenius, & partant les textes de saint Augustin qui s'y trouuent pesle mesle & sans ordre batus & rebatus cinq cens fois, pour faire vn gros volume, ils ont reconnu que les cinq Propositions sont de Iansenius, & qu'elles sont condamnées au propre sens de ses paroles*) il ne laisse pas d'aioûter, que *les aduersaires de Iansenius se persuadent, qu'aussi-tost qu'ils auront trouué dans cet Auteur quinze ou vingt passages de saint Augustin, produits ensemble sur vne matiere qui ait quelque rapport à l'vne de ces cinq Propositions, ils auront droit de s'eriger en nouueaux Papes, & de faire vne constitution nouuelle, par laquelle les sentimens formels de S. Augustin contenus dans son sens, & dans ses propres paroles, soient condamneZ comme estant de Iansenius.*

Certes, Monsieur Arnauld, vous pouuiez bien vous passer de traiter auec tant d'irreuerence & de mépris Nosseigneurs les Euesques de France, qui ont condamné Iansenius, sans condamner S. Augustin : Car quels sont, à vostre auis, les *aduersaires de Iansenius*, sinon ceux qui condamnent sa doctrine, comme ont fait ces tres-doctes Prelats ? Eux qui pour la plufpart ont esté vos maistres en Sorbonne, comme anciens & tres-celebres Docteurs, & qui sont maintenant vos peres & vos iuges, deuoient-ils attendre de vous vn traitement si infame & si iniurieux à l'Eglise ? Vous estes peut-estre le seul dans l'Eglise, qui entendez S. Augustin ; au surplus que vous en semble ? Car il n'est pas necessaire d'expliquer vostre texte & vos paroles, à ceux qui ont l'oreille tant soit peu delicate.

MAIS quoy ! Ce sont là les preludes d'vne erreur, qui ne fait que de naistre. Grand Dieu ! quel en sera

2. *Lettre page* 160.

SECTION XI.
Monsieur Ar-

*nauld vent mali-
cieusement faire
passer les plus
grands de l'Egli-
se & de l'Estat
pour les fauteurs
de ses Erreurs.*

2. Lettre page 116.

le progrés, mais quels en seront les excés, si pour le malheur de l'Eglise elle est iamais autorisée des Puissances de la terre ! Cependant c'est ce que Monsieur Arnauld s'efforce de persuader à ses Sectaires ; car pour les retenir sous le toit de sa cabane, & leur oster toute crainte mondaine, après leur auoir osté celle qui est don du S. Esprit, il dit qu'*vn tres-grand nombre de personnes au dedans & au dehors du Royaume, & des premiers de l'Eglise & de l'Estat, a esté persuadé de la sincerité de ses paroles*, il veut dire en bon François qu'ils sont francs *Iansenistes* comme luy. Ce qu'il fait par vn artifice tres-dangereux *aux premiers de l'Eglise & de l'Estat*, comme capable de les exposer à la haine du peuple Catholique, qui n'a rien tant en horreur que l'heresie de Caluin, dont le *Iansenisme* n'est autre qu'vn *renouuellement mitigé*. Il est vray que cette ruse est ordinaire aux Nouateurs, qui n'ignorent pas que *l'heresie & le schisme* (comme dit vn Pere de l'Eglise) *croissent de iour en iour, qu'ils se multiplient plus facilement, qu'ils augmentent leurs crimes contagieux, & que par de plus grands efforts, ils dégorgent leur pus & leur venin contre l'Eglise de Dieu, lors qu'ils acquerent du credit, de l'autorité, & de la fermeté, par l'appuy & la protection de quelques Grands qui se rangent de leur party.* Et nostre Histoire nous apprend, que lors que les Puissances seculieres ont voulu fauoriser dans nostre Estat les partisans de l'erreur, pour les ranger à la paix, il s'est formé dans la France vn party plus dangereux contre l'Estat, que celuy de l'erreur.

Cependant, y eut-il iamais rien de plus faux, que la presomptueuse vanterie de nostre Ecriuain, quand il veut nous persuader, que son erreur est appuyée & protegée par les *Puissans de l'Eglise & de l'Estat* ? Fait-il autre chose en cela que ce qu'ont fait les Pelages & les Celestius heretiques, lors qu'au rapport de S. Augustin, ils se vantoient que le Pape Sixte protegeoit leurs personnes, & fauorisoit leurs erreurs ? Ce qui estoit tresfaux ; d'où vient que S. Augustin s'estant éclaircy de la

*S. Cyprian. epist.
74. ad Pomp.* Meritò & sic in dies
singulos schismata & hæreses surgunt, crebriùs atque liberiùs excrescunt, & serpentinis criminibus pullulantes,
aduersùs Ecclesiam Dei maioribus viribus, venenorum suorum virus exprimunt,
dum illis aduocatione quorumdam,
& auctoritas præstatur & firmitas.

verité sur ce fait : *Nous auions* (dit-il écriuant à ce Pape) *le cœur tout abbatu & noyé de tristesse d'entendre le bruit
qui couroit de vous, qui est que vous protegiez les ennemis de
la Foy Chrestienne.*

Or qui ne sçait que nostre Reine (mere du plus pieux
& du plus grand Roy de la terre) a receu du Ciel vne
haine & vne auersion si grande contre cette maudite
nouueauté, qu'elle n'a iamais pû luy prester vne oreille fauorable, quelques intrigues que le nouueau party,
qui assiege sans cesse la porte des Grands, le Louure,
& les cercles de Cour, ait pû pratiquer pour obtenir
cette faueur? Mais Dieu qui luy a donné sur la terre
vne si auguste Couronne, luy en prepare vne plus glo-
rieuse dans le Ciel, pour orner le triomphe de sa foy.

Qui ne sçait d'ailleurs que *les premiers de l'Eglise & de
l'Estat, au dehors & au dedans du Royaume,* tels que sont
le Pape, les Cardinaux & les Euesques, & mesme les
Souuerains, n'ayent censuré & condamné la nouueauté
de Iansenius ; que le Roy n'ait defendu parmy nous le
*debit de ses liures, & de tous ceux qui ont esté faits pour sa
defense* ; & que les Prelats de la France presidez tant de
fois par son Eminence, premier Ministre de nostre Estat,
dans plusieurs assemblées, n'ayent censuré les erreurs que
cet Ecriuain defend encore, par vne opiniastreté sans
excuse ?

Mais d'où vient, Monsieur Arnauld, que vous qui
estes si solitaire ; vous qui estes tout *de retraite ;* vous qui
peut-estre auez fait vœu de demeurer dans vostre *desert,*
comme Eutyches autrefois de demeurer en sa cellule ;
vous qui estes *tousiours demeuré depuis dix ans dans la retraite, & hors du commerce & des intrigues du monde,* ainsi
que vous le dites: d'où vient, dis-ie, cette grande corre-
spondance, que vous auez *au dehors & au dedans du Royaume,* auec *les premiers de l'Eglise & de l'Estat?* Mais cela est
peu de chose à vn grand personnage comme vous, auquel les contradictions sont aussi familieres que l'erreur.

Finissons donc ce point en faueur des Catholiques,

S. *Aug. epist.* 105.
Tristes eramus
animo nimis, cùm
fama iactaret ini-
micis fidei Chri-
stianæ te fauere.

*Declarat. du Roy
du* 17. *May* 1655.

2. *Lett. page* 67.

*S. Cyprian. epist.
40. ad Plebem.*
Nemo vos fratres,
errare à Domiui
viis faciat ; nemo
vos Christianos ab
Euangelio Christi
rapiat ; nemo fi-
lios Ecclesiæ de
Ecclesia tollat ;
pereant sibi soli,
qui perire volue-
runt ; extra Eccle-
siam soli remaneãt,
qui de Ecclesia re-
cesserunt ; soli cum
Episcopis non
sint, qui contra E-
piscopos rebella-
runt: Coniuratio-
nis suæ pœnas soli
gnitatis suæ subire meruerunt.

& à la honte des *Ianfeniftes*, par ces autres paroles, que
S. Cyprien adreſſe au peuple fidele en pareille rencontre : *Mes freres, prenez bien garde que perſonne ne vous éga-
re des voyes que le Seigneur vous a marquées ; faites en ſorte
que perſonne ne vous ſepare de l'Euangile de Iefus-Chriſt, que
perſonne n'arrache du ſein de l'Egliſe les vrais enfans de l'E-
gliſe : Que ceux là ſeuls periſſent qui ont bien voulu eſtre les
auteurs de leur perte : Que ceux-là ſeuls demeurent deſtituez
d'Euefques, & priuez de leur protection & de leur grace, qui
ſe ſont rebellez & reuoltez contre les Euefques : Que ceux là
ſouffrent les peines de leur coniuration criminelle, qui maintenant ſelon les decrets & les iugemens de Dieu (c'eſt à dire
de ſon Egliſe) ont merité de ſubir la condamnation de leur
malignité, & de la coniuration de leur cabale.*

ſubeant, qui, *&c.* nunc ſecundùm Dei iudicia ſententiam coniurationis & mali-
gnitatis ſuæ ſubire meruerunt.

ARTICLE V.
SECTION I.
*Troiſiéme point
de la Réponſe de
l'Auteur, qui
concerne la Mo-
rale de M. Ar-
nauld dans ſa
ſeconde Lettre.*

OR, bien que le diſcours que nous venons de faire
touchant la Diſcipline Eccleſiaſtique, bleſſée par Monſieur Arnauld de tant de playes mortelles, nous ait in-
ſenſiblement engagez de marquer par auance quelques
traits de la Morale de cet Auteur, qui doit fournir la
carriere de noſtre dernier point, dans l'ordre que nous
nous ſommes preſcrits ; ſi eſt-ce que pour ne point re-
batre ces choſes, ny quelques autres qui la concernent,
dont nous auons eſté obligez de parler, tant par la neceſſité de la Réponſe, que par la liaiſon des matieres
engagées les vnes dans les autres ; nous diuiſerons ce
dernier point en trois chefs ; dont le premier explique-
ra l'iniuſtice du iugement de Monſieur Arnauld à l'égard
des œuures d'autruy : le ſecond, l'iniuſtice de ſon iugement à l'égard de ſoy-meſme : le troiſiéme, l'iniuſtice de
ſon iugement à l'égard de tous ceux qui condamnent la
doctrine de Ianſenius & de ſes ſectaires.

Mais comme la iuſtice eſt toute vertu (dit vn grand
Perſonnage) & que la vertu, qui n'eſt autre en general que la rectitude de la raiſon & des mœurs, fait toute
la Morale, il eſt facile de iuger que celuy qui bleſſe la
iu-

iuſtice en toutes ſes parties, bleſſe auſſi toute vertu, &
détruit par conſequent tous les fondemens de la Morale;
c'eſt ce qu'a fait Monſieur Arnauld dans ſa 2. *Lettre* ; car
s'eſtant armé d'vn iauelot à trois pointes, il fait trois
playes en meſme temps, dont la plus incurable eſt celle
qu'il ſe fait à ſoy-meſme; Encore doit-il craindre qu'en
voulant frapper les autres, il ne ſe ſoit luy meſme enfon-
cé ſon propre iauelot plus auant dans le ſein.

LA premiere playe qu'il penſoit faire dés l'entrée de
la ſeconde partie de ſa *Lettre*, eſt dans l'iniuſte iugement
qu'il fait de l'vn de mes Ouurages, qui a pour titre *In-*
conueniens d'Eſtat procedans du Ianſeniſme, où i'ay fait voir
clairement le peril qui menace l'Egliſe de Schiſme, & la
France de diuiſions inteſtines, ſi les Puiſſances ſpirituelles & temporelles ne ſe ioignent enſemble, pour arreſter
le cours de cette gangrenne contagieuſe. Choſe eſtran-
ge ! ce ſeul ſçauant de nos iours, ce fier Goliath, qui mé-
priſe vn berger qui n'a qu'vn baſton & des pierres à la
main, pour s'oppoſer à ſes rodemontades, fait mine de
ne pas regarder ma *Reſponſe à ſa* 1. *Lettre*, & cependant il
eſchauffe ſa bile, pour en dégorger le fiel & le venin ſur
le titre d'vn liure, dont il n'eſtoit pas queſtion ; ce qu'il
fait toutefois d'vne maniere ſublime, releuée, & toute
nouuelle.

Car il dit pour refuter cet ouurage (qui n'eſt tiſſu que
de l'Hiſtoire Eccleſiaſtique ancienne & moderne, de
l'Hiſtoire profane, de la doctrine des Peres & des Conciles) qu'il eſt remply de *cent menſonges infames*, ſans qu'il
en rapporte vn ſeul, qui du moins puiſſe ſeruir d'échantillon pour iuger de la piece. Mais quoy ! C'eſt aſſez, Monſieur Arnauld a parlé vne fois, ſa voix eſt la voix d'vn
Concile Oecumenique, dont on ne ſe releue iamais.

Aprés tout, ie louë ſon adreſſe, car en accuſant mon
ouurage de *cent menſonges*, il a crû faire comme le Chaſſeur, qui ayant dérobé les petits de ces animaux cruels
& furieux des plus affreuſes ſolitudes, taſche de s'échaper à la courſe de cheual ; & s'il ſe voit pourſuiuy par la

M

SECT. II.
1. *Chef qui con-*
ſiſte dans l'iniu-
ſtice du iugement
de Monſieur
Arnauld à l'é-
gard de mon Li-
ure intitulé, In-
conueniens
d'Eſtat proce-
dans du Ianſe-
niſme.

2. *Lettre p.* 112.

mere, il luy iette deuant elle vne figure, ou vne fauſſe re-
preſentation de l'vn de ſes petits, à quoy elle s'arreſte,
pour l'emporter : Mais ayant reconnu la fauſſeté de cette image elle augmente ſa fureur, & de rage elle la met
en pieces, & donne cependant au Chaſſeur le loiſir de ſe
ſauuer à la fuite.

Car ce nouueau Chaſſeur des deſerts, ou cet Eſaü qui
pour vn plat de lentilles, ie veux dire pour vn peu de reputation paſſagere, s'eſtant engagé dans l'erreur, a perdu le droit d'aiſneſſe qu'il auoit dans l'Egliſe, en qualité de Docteur de l'illuſtre Maiſon de Sorbonne, croyant
m'amuſer, & m'empeſcher de reſpondre à ſa *ſeconde Let-*
tre, il m'a ietté deuant les yeux des fauſſetez, des fictions,
& des menſonges ſuppoſez, ſe perſuadant que dans le
temps que ie ſerois obligé de déchirer ces figures feintes
& contrefaites, ou de faire l'Apologie de mon Liure, ie
n'aurois pas le temps de le ſuiure dans ſa 2. *Lettre*, ny de
le ioindre & l'arreſter dans ſa fuite : Mais il a trop mal pris
ſes meſures, & pour le conuaincre de ſon abus, demandons luy, quels ſont *les menſonges* dont il ſe plaint auec
ſi peu de iuſtice ?

DITES-nous donc, Monſieur Arnauld, Eſt-ce vn
menſonge d'auoir dit aprés tant de grands Politiques,
que toute nouueauté en matiere de Religion, & la voſtre
par conſequent, eſt perilleuſe à l'Eſtat ; & qu'il eſt ſi naturel aux Nouateurs, de choquer la puiſſance des Rois,
que les voſtres n'ont pû s'affranchir de cette loy ? Ne l'ay-
ie pas prouué par les Liures de vos Sectaires ?

Eſt-ce *vn menſonge* d'auoir dit que l'erreur de Luther
& de Caluin renouuellée par voſtre Ianſeniſme, eſt plus
perilleuſe à l'Eſtat par ſa nouueauté, que par ſa fauſſeté ?
Ne l'ay-ie pas monſtré par des raiſons inuincibles ?

Eſt-ce vn *menſonge* d'auoir dit que la pieté ſimulée &
exterieure, a touſiours ſeruy de pretexte à tous ceux,
qui par leurs nouuelles erreurs, ont entrepris de troubler la paix de l'Egliſe, & le repos des Eſtats ? Ne l'ay-
ie pas prouué par les Peres, par les Conciles, par l'exem-

ple de nos derniers heretiques, & des Anabaptiftes ?

Eft-ce vn *menfonge* d'auoir dit, que les erreurs du Ianfenifme eftoient capables de peruertir les fuiets de l'Eftat & de l'Eglife, & d'en corrompre les bonnes mœurs? Ne l'ay-ie pas folidement demonftré ?

Eft-ce vn *menfonge* d'auoir dit que la prouidence de Dieu fur la France, l'auoit premunie en la perfonne, & dans les écrits du B. François de Sales, d'vn faint Preferuatif, contre les erreurs du Ianfenifme, par l'oppofition formelle & directe de la doctrine orthodoxe de ce S. Euefque, à la fauffe & nouuelle doctrine de Ianfenius ? Ne l'ay-ie pas iuftifié par le parallele que i'ay fait des maximes de ce grand S. auec les pernicieufes maximes de ce Nouateur, dont vous defendez encore la malheureufe doctrine ?

Eft-ce vn *menfonge* d'auoir dit, que la Secte du Ianfenifme eft plus vne fecte d'Eftat que de Religion? Ne l'ay-ie pas prouué par des raifons fans replique, par fon origine & fes caufes, par l'ignorance de la plufpart de ceux quil'embraffent, par le trouble qu'il caufe à prefent dans l'Eglife & dans l'Eftat, par fes dangereufes pratiques, & par l'adreffe qu'il a de fe rendre d'autant plus perilleux à l'Eglife, que par la prudence de fes deux Chefs Ianfenius & S. Cyran, il repare tous les defauts de la Politique de Caluin ?

Eft-ce vn *menfonge* d'auoir dit que l'vn des principaux appannages des Rois de France, a toufiours efté de defendre l'Eglife R. de proteger le S. Siege, & s'oppofer fortement à l'herefie, & à toutes les nouueautez ? Ne l'ay-ie pas prouué par toute l'Hiftoire, & par les eloges de la foy & de la pieté de nos Rois ?

Eft-ce vn *menfonge* d'auoir dit, qu'vne des raifons principales qui oblige noftre Roy & fon fage Confeil, de profcrire le Ianfenifme de fon Eftat, eft que Ianfenius voftre maiftre, (celuy dont vous adorez encore la doctrine & les maximes aprés leur condamnation) a efté l'vn des plus grands ennemis de la France & de fes Monarques ; & que n'ayant pû y femer la difcorde par fon *Mars Fran-*

çois, que i'ay si solidement refuté, il a tenté de la ietter dans la diuision, & d'y allumer vne guerre ciuile, par des cabales pratiquées de longue main, & par les Sectaires de la doctrine nouuelle de son Liure censuré? Ne l'ay-ie pas demonstré, & les *Lettres* de cet ennemy coniuré de la France, adressées à l'Abbé de S. Cyran & imprimées à Paris, ne le demonstrent-elles pas visiblement?

Et quand i'aurois dit qu'vne grande Princesse ayant fait assembler en Flandre, où elle estoit pour lors, vn Conseil de conscience, auquel Iansenius fut appellé, pour sçauoir si elle pouuoit faire la guerre à la France, il dit dans son auis, qu'elle pouuoit en seureté de conscience, allumer le feu de la guerre aux quatre coins & au milieu du Royaume, aurois-ie dit vn *mensonge* contre vostre meilleur amy, le plus grand ennemy de la France?

Est-ce vn *mensonge* d'auoir dit & prouué solidement par l'Histoire Ecclesiastique ancienne & moderne, que toute nouueauté en matiere de Foy ou de religion, acheue enfin par l'espée & par la violence, les exploits qu'elle commence par la douceur de la plume, & sous le masque d'vne fausse pieté? Vous reste-t-il quelque chose à repliquer sur ce suiet?

Est-ce vn *mensonge* d'auoir dit, que l'erreur de Luther & de Caluin, rafraischie par vostre doctrine condamnée, a causé plus de troubles & de desordres dans les Estats d'Allemagne, de Flandre, de Suisse, d'Angleterre, d'Escosse & de France, où elle a causé la mort d'vn million d'ames, & mesme a fait verser plus de sang, que toutes les anciennes heresies? Auez-vous quelques raisons pour vous defendre contre la verité de l'histoire, & le recit fidele que i'en ay fait?

Est-ce vn *mensonge* d'auoir dit que l'image des Noua-teurs de nostre temps, c'est à dire des *Iansenistes*, nous a esté dépeinte par les SS. Peres, en la personne des here-tiques de leur siecle? Ne l'ay-ie pas prouué? pouuez-vous vous defendre de leurs textes que i'ay produits contre vous, & contre toutes vos sourbes?

Eſt-ce vn *menſonge* d'auoir dit, que les ſuites malheu-reuſes des erreurs de Luther, & des erreurs de Ianſenius ont eſté preſagées par les meſmes conſtellations, & pre-dites par les hommes? Ay-ie oublié de le prouuer?

Et pour vous donner vn portrait de vous meſme, eſt-ce vn *menſonge* d'auoir prouué par les SS. Peres, que les marques des Nouateurs, ſont *l'Eloquence affectée;* ne l'affe-ctez vous point Monſieur Arnauld? *La profeſſion apparente de la vertu;* ne ſe rencontre-t-elle pas parmy les voſtres? *La retraite & la ſolitude affectée;* voſtre Port Royal n'eſt-il pas vne ſolitude & vn *deſert,* ainſi que vous le dites, quoy qu'il ſoit pluſtoſt vne habitation de *deſertcurs* de la Foy du ſaint Siege, ou vne Republique cantonnée, qu'vn veritable deſert? *Les aſſemblées illicites;* Combien s'eſt-il fait, & ſe fait-il encore d'aſſemblées entre les Ianſeniſtes? *L'eſti-me d'eux-meſmes, & le meſpris de tous les autres;* Faut-il au-tre choſe pour vous conuaincre de l'vn & de l'autre de ces deux chefs, que voſtre *ſeconde Lettre,* la plus or-gueilleuſe & la plus inſolente qui fut iamais contre l'hon-neur du S. Siege, & des Eueſques de France? *Gagner les femmes, & les attirer à leur party;* Combien auez-vous de Dames Ianſeniſtes? ſi elles vous aident & vous ont ai-dé de leur bourſe, vous le ſçauez mieux que nous. *Ga-gner les Grands, les Prelats, & les Predicateurs;* qui peut ignorer en cela combien de fois vos efforts ont eſté vains, & quelle a eſté voſtre adreſſe, & voſtre cabale? *Ne preſcher, & n'enſeigner que l'antiquité;* Qu'auez-vous dit dans tous vos liures, quoy que tres-fauſſement; & que dites-vous encore en voſtre *ſeconde Lettre* ſur ce ſuiet? *Eſtre particulierement éclairez;* Que nous auez-vous dit de Ianſenius, & de vous meſme en tant de lieux? Ne dit-il pas luy-meſme que ſon Liure eſt *vn ouurage de l'in-ſpiration du S. Eſprit?* Et S. Cyran ne dit-il pas, qu'*il li-ſoit ſes maximes en Dieu? Condamner la pratique commune de l'Egliſe;* Vous y eſtes-vous oublié après S. Cyran voſtre bon maiſtre? *Chercher des ſubterfuges pour dire qu'ils ne ſont pas condamnez dans leur ſens;* N'eſt-ce pas ce que vous

M iij

Ianſenius Auguſt. in ſynopſ. vit. auct. Fœtus inſtinctu, vt credebat, diui-no. Progrés du Ianſe-niſme page 14.

auez fait dans tous vos Libelles depuis la Bulle, & ce
que vous faites encore auiourd'huy dans voftre *seconde
Lettre*, où vous tafchez de nous donner le change ? *S'attacher aux moindres defauts des ouurages des Catholiques , &
décrier leur doctrine comme vne doctrine heretique ;* N'eft-ce
pas ce que vous auez fait dans vos Liures , & ce que
vous continuez encore dans voftre *seconde Lettre*, ainfi
que nous l'auons demonftré ? *Defendre le Pape, & fe vanter de fuiure les fentimens , & la foy du faint Siege ;* N'eft-ce
pas ce que vous dites encore fi fauffement, dans voftre
premiere & voftre *feconde Lettre ?*

Eft-ce vn *menfonge* d'auoir dit, que le deuoir des Euefques eft de s'oppofer fortement à toutes les nouuelles erreurs ? Ne l'ay-ie pas prouué par les Peres & les Conciles; & les Euefques de France ne l'ont-ils pas pratiqué à
voftre grand regret, contre vous, & contre tous les Sectaires de Ianfenius ?

Enfin, eft-ce vn *menfonge* d'auoir dit, qu'il eft du deuoir des Rois, & de tous les Souuerains, de prefter leur
bras , & de ioindre leur force à celle de l'Eglife, pour
s'oppofer puiffamment aux nouuelles erreurs , & purger
leurs Royaumes de cette pefte dangereufe : & que lors
que les Empereurs ou leurs Fauoris ont voulu proteger
l'herefie, Dieu les a punis exemplairement à la veuë de
tout le monde ? Ne l'ay-ie pas prouué par l'Hiftoire en
la perfonne des plus grands Empereurs, & par l'exemple de Macedonius & de Crifaphus tous deux Fauoris ,
celuy-cy de Theodofe , & celuy-là de Gratian ?

A voftre auis , Monfieur Arnauld, font-ce là des
menfonges ? mais ne font-ce pas autant de veritez auerées
par tous les fages, confirmées par la funefte experience
de tous les fiecles , redoutées par tous les gens de bien ,
& fi certaines qu'elles ne peuuent eftre conteftées que
par des factieux, dont les brigues, les cabales, & *les in-
folences inouyes meriteroient des chaftimens exemplaires.*

Cependant ce font là les veritez que M. Arnauld appelle *menfonges* & *impoftures ;* Ce font là les veritez qu'il qua-

lifie *crimes deteflables* & *accufations impunies*; Ce font là les
veritez qu'il dit eftre des *calomnies publiques*; Et fi l'on veut
receuoir parmy nous les maximes nouuelles de la Morale
de fa *feconde Lettre*, ceùx qui caufent auiourd'huy le fchifme dans l'Eglife, & le trouble dans l'Eftat, pourront *effe-*
rer des recompenfes, & la protection des Souuerains; Ceux
au contraire, qui comme moy, ont fouftenu les veritez
de l'Eglife contre l'entreprife criminelle de ce Nouateur,
& de tous fes Sectaires; Ceux qui ont defendu l'Eftat, la
Couronne, & le Royaume de France contre Ianfenius
le plus cruel ennemy de nos Rois; Ceux qui ont brifé &
mis en poudre les colomnes de bronze, fur lefquelles
dans fon *Mars Gallicus*, il vouloit éleuer la Couronne
d'Auftriche à l'oppreffion de la Couronne de France, feront dignes dans les Regles de fa Morale, de *chaftimens &*
du dernier fupplice.

Mais qu'il eft glorieux d'eftre criminel de la forte, &
qu'il eft honorable d'eftre accufé par les ennemis de l'E-
glife & de l'Eftat d'vn crime de cette qualité, pour lequel
on n'eft point obligé de faire penitence! Au contraire on
doit attendre de Dieu quelque grace fauorable, & de
tous les gens de bien vne approbation generale de s'eftre
acquité d'vn deuoir, qu'vn bon François affectionné à
fon Prince & à l'Eglife, a crû ne pouuoir obmettre fans
crime.

Certes, Monfieur Arnauld, la Morale de voftre Lettre
nous découure d'eftranges maximes, & du tout inouïes:
mais prenez garde que ie ne donne quelque iour au
public *la nouuelle Morale du Port Royal*, fi vous m'y obligez; Car on y verroit bien d'autres myfteres, & vous n'i-
gnorez pas que ie ne fois affez fidele en mes promeffes.

Pourquoy donc nous dites-vous dans voftre *Lettre*,
que le Liure des *Inconueniens d'Eftat* eft remply de *cent*
menfonges infames, fans que vous ayez pû en alleguer vn
feul? Car ie vous donne en peu de mots, l'abregé de ce
Liure, que les plus grands, & les plus fages de l'Eftat
confiderent & conferuent, comme vne prediction infail-

sible des funestes euenemens de voftre Nouueauté dans
la France, si elle n'eft promptement arreftée par les Puif-
sances Ecclesiaftiques & seculieres. Gardez donc pour
vous vos *menfonges* & vos *horribles imposures*, puisque tant
de preuues solides, font autant de preiugez & de con-
uictions contre vous & les voftres, si vous n'abandonnez
voftre erreur, & le trouble que vous caufez à prefent
dans l'Eglife & dans l'Eftat.

Vous vous plaignez en fuite d'vne *Lettre Circulaire*, que
vous dites qu'on vous a *fuppofée*; mais voftre plainte eft iniufte pour trois raifons: la premiere eft, que ie vous ay
declaré dans l'*Aduis au Lecteur* fur cette piece, que fi les
voftres defauoüoient cette lettre, qui s'eftoit defia renduë publique, ie ne pretendois pas vous en rendre coupables, bien que i'euffe appris par la lettre d'vne perfonne de grande pieté, que i'ay encore entre mes mains,
que cette *Lettre Circulaire* venoit d'vn Ianfenifte conuer-
ty aprés auoir veu la Bulle. Pouuois-ie vous traiter plus
doucement? Ne vous ay-ie pas donné le moyen d'appro-
fondir la verité de cette piece? Que n'auez-vous fuiuy
le confeil que ie vous ay donné, pour purger les voftres
de cette tache? Penfez-vous qu'en difant que cette piece eft vne *fuppofition diabolique*, tout le monde foit con-
tent & fatisfait de vos paroles, fi vous ne paffez plus outre, & ne fuiuez le bon auis que ie vous ay donné? Faites en donc voftre profit, & ne nous l'imputez pas à iniure, puifque ie vous ay dit fi franchement, que mon deffein
n'eftoit pas de vous en rendre coupables, fi vous n'en
eftiez pas les Auteurs. Mais faites en forte que vos pratiques démentent les maximes de cette *Lettre*; & prenez garde que ces mefmes pratiques fi conformes à ces
maximes dangereufes, ne foient contre vous les plus
fortes raifons que vous ayez à combatre.

La feconde eft, que fuppofé que ceux qui ont veu
cette piece, qui couroit dans Paris, & par toute la France, auant qu'elle fuft imprimée dans mon Ouurage,
ayent creu qu'elle eftoit vn fruit du Port Royal; ie ne
voy

voy pas comment vous les puiſſiez accuſer d'vn *iugemenc temeraire* , puiſqu'ils en ont iugé non ſeulement par la beauté du ſtile qui vous eſt ſi familier, & par la conformité de vos pratiques à ces regles; mais plus encore parce qu'ils ont veu que preſque tous les liures que vous auez donnez au public depuis tant d'années, ont paru ſans le nom de l'Auteur, ſans aucun nom de Libraire, ſans Approbation, & ſans Priuilege. Vous vouliez cependant qu'on les viſt, qu'on les receuſt , & qu'on les leuſt auec admiration comme des œuures du Port Royal.

Mais qui a iamais oüy dire que dans vn Eſtat Catholique, des perſonnes qui attaquent la doctrine commune de l'Egliſe pour l'alterer & la détruire , ayent eu la temerité & le front de la combatre tous les iours, par des Libelles iniurieux , ſans le nom de l'Auteur, ſans le nom du Libraire, ſans Approbation, & ſans le Priuilege, que le Roy ne donne point à nos liures, s'il ne luy paroiſt premierement qu'ils ayent eſté veus par les Docteurs de la Faculté de Theologie de Paris?

Et puis , Monſieur, vous voulez qu'entre les liures qui paroiſſent de voſtre part, on vous attribuë ceux qu'il vous plaira de reconnoiſtre & d'auouër long temps aprés; & qu'on reiette les autres que vous ne voudrez pas approuuer dans vn autre temps , auquel vous iugez qu'ils vous ſeroient dommageables ?

Quoy donc ! il vous ſera permis de vous rendre impunément criminels par vos calomnies & vos iniures contre des gens de bien, par vos erreurs, & vos entrepriſes contre l'Egliſe & l'Eſtat, ſans qu'on vous en oſe accuſer ; & de vous declarer innocens quand bon vous ſemblera , ſous pretexte que vos liures (dont vous faites tant de largeſſe , que les deux & les trois impreſſions ont peine d'y ſuffire) n'accuſent ny le nom de l'Auteur, ny le nom du Libraire, & vous mettent en ſeureté par cette ruſe maligne ? Si donc , Monſieur, quelques-vns vous ont imputé cette piece, quoy qu'elle ne ſoit pas de vous, (ainſi que ie le veux croire, puiſque vous la déniez) voftre mauuais procedé décharge leur confcience.

La troifiéme eft, que celuy qui eft conuaincu de menfonge dans des chofes de grande confequence, en peut eftre encore iuftement prefumé coupable dans des chofes de moindre qualité : Et comme tous les fages font conuaincus auiourd'huy, que la declaration que vous faites tant de fois dans vos deux *Lettres*, *d'eftre fincerement foûmis au S. Siege*, qui a condamné les cinq Propofitions cenfurées, eft vn menfonge & vne fauffeté, puifque dans voftre *feconde Lettre* vous les renouuellez & les foûtenez encore, ainfi que nous l'auons demonftré; Certes, Monfieur, quand vous direz que la *Lettre Circulaire* eft vne *fuppofition diabolique*, on pourra vous prefumer coupable de menfonge, quoy qu'en mon particulier ie vous en décharge bien volontiers.

Apprenez donc à l'auenir à ne plus agir de la forte, mettez voftre nom à vos liures comme nous, & celuy de la perfonne à laquelle vous addreffez vos Lettres. Car qui voulez-vous que nous entendions fous le nom *d'vn Duc & Pair* que vous ne nommez point? Eft-ce pour nous faire iuger que tous les Ducs & Pairs de France font de voftre party, pour nous intimider, & pour affeurer tous les voftres? Au contraire la fuppreffion du nom de cette perfonne qualifiée dans voftre *feconde Lettre*, eft vne marque euidente qu'elle ne veut point eftre eftimée *Ianfenifte*, tant ce nom eft maintenant en horreur dans l'Eglife.

Et fi vos Lettres ou vos Liures à l'auenir ne bleffent point les interefts de l'Eglife & de l'Eftat, ne feignez pas d'en demander le Priuilege, & croyez que le Roy, ou fon Miniftre d'Eftat commis à cette charge, dont la bonté & la fuffifance font connuës de tous, & dont la prudence eft admirée & dedans & dehors le Royaume, ne vous déniera pas cette grace, qu'il ne refufe à pas vn de ceux dont les fentimens font orthodoxes, & les maximes pacifiques. Que fi les fentimens & les maximes de vos liures ne portent pas ce noble caractere, vous ne deuez pas vous plaindre, si ce sage Ministre leur refuse son caractere Royal.

Mais si nous nous plaignons de l'iniustice du iugement de Monsieur Arnauld dans nos Oeuures, l'Eglise a bien plus de raison de se plaindre de cette mesme iniustice, dans le iugement qu'il porte des Oeuures de saint Augustin, & des Oeuures de Iansenius.

Des Oeuures de Iansenius, parce que l'Eglise ayant condamné la doctrine de cet Auteur dans les Decrets du saint Siege, & dans les Assemblées des Euesques de France, ce Docteur a la hardiesse de la defendre encore dans sa *seconde Lettre*, par les eloges qu'il donne à cet Auteur, par *l'Apologie* qu'il fait de sa doctrine & de ses sentimens, ainsi que nous l'auons cy-dessus rapporté; & plus encore, lors que parlant des Decrets des Papes, il dit pour eneruer l'autorité de la Bulle d'Innocent X. confirmée par d'autres Decrets du mesme Pape, que *les Souuerains Pontifes peuuent estre surpris dans leurs Decrets;* dont il rapporte quelques exemples, pour conclure en suite, & donner à penser, qu'Innocent X. *a esté surpris dans sa Bulle.*

Mais sa preuue n'est qu'vn sophisme; car outre que les Decrets, qu'il a alleguez, regardent la Discipline, ils n'auoient pas esté receus de ceux, ausquels ils estoient specialement adressez : Et au contraire, la Bulle & les Decrets d'Innocent X. concernent la Foy, ont esté receus de toutes les Eglises, & sont de telle qualité, entant qu'ils concernent la Foy, & qu'ils regardent l'vniuersalité des Fideles, que personne ne peut pas maintenant les impugner, sans note d'heresie.

C'est ce que l'Histoire ancienne nous apprend, lors qu'elle dit dans Sozomene, que *les choses ayant esté vne fois iugées & decidées par l'Eglise de Rome, tous les Euesques acquiescerent à ce Iugement.* Il parle des Euesques d'Orient, qui partagez en trois sentimens differens, touchant la diuinité du saint Esprit, terminerent leur schisme, & rentrerent dans l'vnion, par l'acquiescement qu'ils ren-

N ij

Section VI.
L'iniustice de son iugement à l'égard des Oeuures de Iansenius.

2. Lettre page 148. 149. *& suiuantes.*

Sozom. lib. 6. hist. Eccl. cap. 21. Singuli rebus ab Ecclesia Romana semel iudicatis, acquieuerunt.

dirent tous à la Sentence de Rome.

Et cependant Monſieur Arnauld qui ſe vante d'auoir *rendu vn reſpect au Decret du ſaint Siege, ſemblable à celuy qu'il rendroit aux Decrets d'vn Concile Oecumenique,* ſe plaint de ce que ſes Aduerſaires *veulent que le nom de Ianſenius ſoit la cauſe de toutes les diuiſions de l'Egliſe, & que n'ayant point leu dans cet Auteur, les Propoſitions qu'on luy attribuë, ce n'eſt pas vn pretexte ſuffiſant de le traiter d'Heretique.*

Mais nous luy diſons, que les Eueſques de France, dont il a veu & leu la *Lettre Circulaire* tant de fois, ſont incomparablement & plus doctes, & plus croyables que luy: Qu'ils ont leu auec la lumiere du ſaint Eſprit qui influë dans les Peres des Conciles, les propoſitions dans Ianſenius, & que noſtre Eſcriuain ne les a iamais leuës, qu'auec des lunettes de Hollande, ie veux dire auec vn ſentiment preoccupé des ſentimens de Caluin, de Ianſenius, & de l'Abbé de ſaint Cyran: Enfin, que ce que dit ce Docteur particulier contre le ſentiment vniforme des Eueſques de France, eſt vne temerité, qui pour ſa réponſe demanderoit autre choſe que des paroles.

QVOY qu'il en ſoit, le iugement qu'il fait des œuures de S. Auguſtin, n'a pas moins d'iniuſtice que les deux precedens, en deux choſes. La premiere, en ce qu'il attribuë aux écrits de ce Pere de l'Egliſe, la meſme autorité que celle que nous donnons aux liures Canoniques, qui eſt ce que S. Auguſtin defend ſur toutes choſes, ainſi que nous l'auons obſerué dans nos *Regles*. Car nous diſons dans l'Egliſe, *Saint Luc l'a dit, il le faut croire: Saint Iean l'a dit, il le faut croire:* Et comme ſi Monſieur Arnauld vouloit introduire dans l'Egliſe vn cinquiéme Euangeliſte, il veut eſtablir cette nouuelle maxime, *Saint Auguſtin l'a dit, il le faut croire.* Mais nous auons cy-deſſus refuté cette impertinence, qui n'a pas moins d'impieté que d'extrauagance. La ſeconde, en ce qu'il dit que les écrits de ſaint Auguſtin ne ſont point obſcurs; *Que les Papes & les Peres n'ont point trouué d'obſcurité dans ſaint Auguſtin:* Mais d'où vient que cet Ecri-

2. Lettre page 140.

2. Lettre page 129.

2. Lettre page 150.

SECTION VI.
Et des Oeuures de S. Auguſtin.

Aug. Epiſt. 112. ad Paulin. Numquid vllo modo Euangelio nos comparabis, aut ſcripta noſtra ſcripturis Canonicis coæquabis?

2. Lettre page 172.

Page 203.

uain, aprés tant d'Apologies qu'il a faites, pour mettre Ianfenius dans l'ordre des premieres lumieres de l'Eglife, & l'affeoir fur le chandelier, nous parle maintenant de la forte ? Ne fçait-il pas que Ianfenius reconnoiſt faint Auguſtin ſi obſcur, qu'il fe dit le feul qui a penetré dans fes liures le fond de fa doctrine ; qu'il a employé des trente années à le lire ; & qu'autant de textes qu'il fe propofe de faint Auguſtin, contraires à fes fentimens, comme autant d'obiections à refoudre, font pour luy autant d'obfcuritez, & de tenebres?

Ianf. Auguſt in fynepſi vita auct. Multis annis cum veteribus fuis opinionibus luctatus eſt, antequam perueniret ad intimã fancti Auguſtini mentem.

Ignore-t-il que le Pape Celeſtin, à la fin de fon Epiſtre Decretale, n'ait parlé de quelques queſtions abſtrufes & profondes, qu'il ne veut ny approuuer ny condamner ? Ignore-t-il ce que S. Bonauenture, les Euefques d'Auila & de Xaintes, & les autres en ont dit ? Ignore-t-il que le grand Cardinal du Perron, ce prodige de doctrine, n'ait eſté obligé de faire vn grand tome in folio, pour expliquer les paſſages de S. Auguſtin touchant l'Euchariſtie, dont les heretiques abufoient contre nous; de mefme que Monſieur Arnauld & fes Sectaires, abufent encore auiourd'huy contre l'Eglife de quelques paſſages obfcurs de S. Auguſtin touchant la grace, comme font ceux qu'il rapporte dans fa Lettre, aufquels nous auons fatisfait dans la *Refutation des principes de Ianfenius,* contenuë dans mon Liure intitulé, *Regles de S. Auguſtin.*

Celeſtin. epiſt. ad Epiſc. Gall. c. vlt. Profundiores verò difficilioréſq; partes intercurrẽtium quæſtionum, quas latiùs pertractat̃ũt, qui hæreticis reſtiterunt, ſicut non audemus contemnere; ita non neceſſe habemus aſtruere.
Bonau. in 2. diſt. 3. quaſt. 1. ad 1. Abulenſ. in defenſ. cap. 18. Traité du S. Sacrement de l'Euch. par le Cardinal du Perron. 2. Lettre p. 203. & feq.

Mais ie ne puis obmettre l'excellent raifonnement de Monſieur Arnauld, qui pour nous prouuer demonſtratiuement que S. Auguſtin n'eſt point obfcur, dans les matieres polemiques ou de controuerſe, rapporte vn texte du mefme S. Auguſtin, où il eſt dit *que les Peres ne doiuent pas imiter les Efcriuains canoniques dans l'obſcurité falutaire qu'ils ont affectée ; que Dieu a voulu qu'ils parlaſſent de la forte, parce qu'il deuoit fufciter des perſonnes aprés eux, qui les expliqueroient; & que les interpretes des Auteurs canoniques, ne doiuent pas parler de la forte qu'ils ayent eux-mefmes befoin d'interpretes.*

2. Lettre p. 184. & 185. Auguſt. de doctr. Ch. l. 4. cap. 6. & c. 10.

Confiderons maintenant la force & la fubtilité de l'ar-

Epist. 92. Hieron. ad August. quae est 24. inter August.

gument de noftre Docteur incomparable & inuincible Monfieur Arnauld; Car voicy quel il eft. Les Peres qui interpretent la fainte Efcriture, doiuent fe rendre clairs & intelligibles, felon S. Auguftin: Or S. Auguftin a interpreté les faintes Efcritures (fi c'eft litteralement & tres-intelligiblement, ie m'en rapporte à S. Hierofme) d'où il s'enfuit, que S. Auguftin eft tres-clair dans les matieres polemiques, & dans les longues difputes, qu'il a euës contre les ennemis de la Grace, & tant d'autres heretiques. Certes cette belle maniere d'argumenter feroit capable, tant elle eft forte & fublime, de donner à Monfieur Arnauld, dans les plus celebres Affemblées de Sorbonne, la qualité de *Second Ange de l'Efcole*.

Sect. VII.
2. *Chef, qui confifte dans l'iniuftice du iugement de Monfieur Arnauld à l'égard de foy-mefme & de fes Sectaires.*
Resp. au P. Annat. dans l'auantpropos. 2. Lettre pag. 150.

OR pour paffer au fecond chef, qui concerne l'iniuftice du iugement de Monfieur Arnauld, à l'égard de foy-mefme & de fes Sectaires; cette iniuftice eft euidente & tres-manifefte, premierement, en ce que par vne prefomption, & par vn orgueil infupportable, il prefere fon iugement au iugement du S. Siege, & des Euefques de France, lors qu'il fouftient, que *la doctrine cenfurée des cinq Propofitions, n'eft point la doctrine de Ianfenius, qu'il n'a point leu dans cet Auteur les Propofitions qu'on luy attribuë,* c'eft à dire qu'il n'a point leu ce que le Pape, & les Euefques de France ont condamné dans Ianfenius.

De forte qu'auiourd'huy Monfieur Arnauld nous fait la grace, de fe propofer luy-mefme à l'Eglife pour regle de verité; car il dément le iugement des Euefques affemblez, qui eft regle de verité, & fe donne luy mefme pour cette regle; mais cela n'eft pas nouueau aux heretiques, au contraire il eft fi ordinaire (difoit S. Irenée de ceux de fon temps) *que chacun d'eux eftoit fi depraué dans fon propre iugement, qu'il n'auoit point de honte, en ruinant toutes les regles de la Foy, de fe propofer foy mefme, pour regle de verité.*

Irena. aduerf. baref. li. 3. cap. 1. Vnufquifque ipforum omnimodo peruerfus femetipfum regulam veritatis deprauans, praedicare non confunditur. 2. Lettre page 129.

Secondement, en ce qu'il dit que nous *voulons, que le nom de Ianfenius foit la caufe des diuifions de l'Eglife* : Mais le S. Siege en a-t-il douté, lors qu'il a dit dans fa *Bulle,* qu'il condamnoit *les* cinq Propofitions à *l'occafion du liure de Ianfenius?* Les Euefques de France en ont-ils douté dans leur *Lettre Circulaire,* quand ils ont écrit que *ceux qui ai-ment & fuiuent encore la doctrine de Ianfenius* veulent ex-citer *des troubles dans l'Eglife?* Et toute l'Europe qui a veu ce qui s'eft paffé fur ce fuiet aux pieds du S. Siege, entre les Ianfeniftes & les Catholiques, & qui n'eft ny fourde ny aueugle, peut-elle douter, que le nom & la doctrine de Ianfenius n'ayent allumé dans l'Eglife le feu de la dif-corde, qui regne encore dans le cœur de Monfieur Ar-nauld, & de quelques-vns de fes Sectaires?

Mais quel eft celuy qui iamais ait ofé auancer dans l'E-glife vne femblable impofture, à la veuë du Soleil ; qui l'éclaire de toutes parts? Si donc Monfieur Arnauld a le front de nous parler de la forte dans vne chofe fi publi-que, fi connuë, & fi manifefte, quelle foy donnerons nous à fa parole, dans les chofes obfcures & cachées, comme lors qu'il nous affeure de la pureté de la Foy de quelques perfonnes religieufes qu'il dirige, depuis la mort de l'Abbé de S. Cyran, quand il dit que *le Port Royal eft vne retraite toute fainte, d'où les déguifemens, les fauffetez, & les equiuoques font bannies* ; quand il dit qu'*il eft tres efloigné de toutes intrigues & affaires Politiques* ; quand il dit qu'il *eft fincerement foûmis au S. Siege.*

Tiercement, lors qu'il dit dans fa *Lettre,* qu'eftant encore tout ieune & fur les bancs, il auoit appris dans S. Auguftin, les mefmes fentimens qu'il a de S. Auguftin, auant mefme qu'il euft entendu parler de Ianfenius. Cer-tes, fi la chofe eft ainfi, il faut que Ianfenius (que Mon-fieur Arnauld dans fes liures vouloit faire paffer pour le *cinquiéme Docteur de l'Eglife*) ait efté bien ftupide & bien groffier, d'auoir efté obligé d'employer trente années dans la lecture de S. Auguftin pour l'entendre, puifqu'vn ieune Efcolier a penetré le fond de la doctrine de ce Pe-re, dans le temps qu'il prenoit les leçons de fes Maiftres, & qu'on le nourriffoit encore de lait, comme les enfans à la mammelle. Car que font les illuftres Docteurs de Pa-

Conftitut. du 31. *May* 1653.
Cùm occafione impreffionis libri, cui titulus, Augu-ftinus Cornelij Ianfenij &c.
Lettre des Euef-ques de France du 28. *May* 1654.

2. *Lettre pag.* 101. *& feqq.*
page 9.
Page 111.
Page 140.

Page 127.

ris dans les Escoles de Sorbonne, autre chose que des mammelles fecondes, où les Escoliers sont pendus & attachez comme des enfans?

Cependant il ne dit pas que l'Abbé de S. Cyran son Maistre caché, luy inspiroit tous les iours la doctrine & les sentimens de Iansenius, pour leur donner par auance, dans vn temps pacifique, quelque cours sur les bancs, où il est permis de disputer de toutes choses. Mais d'où vient qu'écriuant contre moy dans l'vn de ses libelles, il me dit qu'il faut des vingt années dans la lecture des Peres, auant que de les bien entendre? Certes c'est icy où il se faut écrier auec le Sage, *Vanité des vanitez*, puisqu'il n'y en eut iamais de semblable à celle de cet Escriuain.

Enfin l'iniustice de son iugement à l'égard de luy-mesme, se manifeste quand il dit, que *l'Eglise Catholique le retient entre ses bras* luy & les siens. Mais quelle est cette *Eglise*? Est-ce la Romaine? nullement, puisqu'elle condamne la doctrine de Iansenius, & ceux qui la defendent. Est-ce l'Eglise Gallicane? Non pas, car les Euesques de France dans leur *Lettre Circulaire*, traitent d'heretiques & de *rebelles tous ceux qui aiment & suiuent encore la doctrine de Iansenius*, comme fait Monsieur Arnauld auec ses Sectaires. Est-ce l'Eglise de Geneue? ie réponds que celle-là n'est pas Catholique, & que i'ignore si elle les reconnoist pour ses enfans; mais que ie sçay fort bien que le Pape Innocent X. dans ses Decrets, & les Euesques de France dans leur Assemblée, ne reconnoissent point les Sectaires de la doctrine de Iansenius pour enfans de l'Eglise.

Que ce Docteur ne nous dise donc plus, que *l'Eglise Catholique reconnoist luy & ses amis, pour ses enfans*; qu'il ne nous dise plus *que luy & ses amis, sont liez à l'Eglise par tous les liens sacrez*: Car il y a long-temps que d'autres heretiques nous ont tenu ce mesme langage, sans que pour cela ils ayent esté traitez autrement que comme heretiques.

C'est ce que nous apprenons de l'Euesque de Tude

Ecclesiast. cap. 12. Vanitas vanitatū.

2. Lettre page 91.

2 Lettre p. 70. & page 38.

&c en Espagne, quand il dit que les Nouateurs pour s'e-
xempter de ce nom, & se lauer de cette tache, *font tout
ce qu'ils peuuent pour persuader aux Catholiques, qu'il n'y a
point d'Heretique, qui veuille demeurer dans l'Eglise, lors qu'on
y celebre la sainte Messe, & qu'on y consacre sur l'Autel, le corps
& le sang du Seigneur, afin qu'en se presentant frequemment
aux pieds des Autels, & faisant mine d'offrir à Dieu en apparence leurs deuotes prieres & leurs loüanges, ils soient sans aucun doute preferez à tous les Catholiques; & qu'ainsi ils puissent cacher leur malice, & attendre le temps, dans lequel ils
puissent commodement répandre leur doctrine, & le venin de
leurs erreurs.*

Or dites-nous, Monsieur Arnauld, y a-t-il *des liens
plus sacrez* que la *Messe*, le *saint Sacrement de l'Autel*, les
loüanges de Dieu, & les prieres frequentes? Vous voyez
cependant que quelques Heretiques se sont couuerts de
ces voiles sacrez, pour induire les Catholiques en erreur; cherchez donc d'autres preuues de vostre foy & de
vostre soûmission à l'Eglise, que ces *liens sacrez*, dont vous
pourriez abuser comme les autres, au desauantage du
peuple fidele, qui ne iuge des choses que par l'apparence exterieure, ce que vous n'ignorez pas.

MAIS si l'iniustice de vostre iugement est si grande à
vostre égard, certes vos Aduersaires auroient mauuaise
grace de se plaindre de l'iniustice de vostre iugement à
leur égard; puisqu'il n'y a pas lieu d'esperer quelque iustice de celuy, qui n'en a point pour soy-mesme; Si donc
i'en fais voir icy quelque chose, c'est plustost pour vous
faire connoistre aux autres, & acheuer vostre portrait,
que pour nous plaindre de vous & de vostre procedé,
auquel nous ne sommes que trop accoustumez.

En premier lieu, n'estes-vous pas iniuste à l'égard de
vos Aduersaires, lors que vous dites que les *iugemens que
ls nostres font de vous, & que vous appellez temeraires, ne
leur laissent pour partage, que la damnation eternelle:* Quand
vous dites que *d'accuser des Docteurs Catholiques* (tels que
vous pensez estre) *d'auoir des erreurs contre la Foy*, &c.

Luc. Tudens. tom.
4. Biblioth. PP. lib.
3. aduersus Albig.
cap. 4.
Procurant (hære-
tici) vt credant
Christiani, quòd
nullus hæreticus
velit stare in Ec-
clesia, dum cele-
bratur missa, &
corporis & san-
guinis Domini
conficitur Sacra-
mentum: vt dum
ipsi ad Ecclesiam
frequenter conue-
niunt, & deuotas
orationes & laudes
se Deo simulant
exhibere, indubi-
tanter præ Catho-
licis habeantur, &
sic valeant suam
nequitiam occul-
tare, & captare
tempus quando
possint doctrinam
suæ vesaniæ semi-
nare.

SECTION VIII.
*Troisiéme chef,
qui consiste dans
l'iniustice du iu-
gement de M.
Arnauld à l'é-
gard de ses Ad-
uersaires.*

2. Lettre page 51.
Page 73.
Page 133. & 134.

c'eſt agir enuers des Preſtres de Ieſus-Chriſt, comme les Iuifs
ont agy enuers Ieſus-Chriſt meſme ?

Quoy donc, Monſieur Arnauld, ceux qui ont ſou-
pçonné, & accuſé les Auteurs des Libelles du Port Royal,
compoſez & publiez depuis la Bulle, pour defendre &
ſouſtenir la doctrine de Ianſenius condamnée par les Decrets d'Innocent X. & par l'Aſſemblée des Eueſques de
France, qui la condamnent formellement, *ont pour par-*
tage la damnation eternelle ? N'eſtes-vous pas les Auteurs
de ces infames Libelles pleins d'erreurs & de menſonges ? Pourquoy donc nous dites-vous que ceux qui vous
ont *accuſé d'auoir des erreurs contre la Foy, ont agy enuers des*
Preſtres de Ieſus-Chriſt, comme les Iuifs ont agy enuers Ieſus-
Chriſt meſme ?

Que vous ſemble, Monſieur, de ce beau parallele ?
Ignorons-nous que ceux contre leſquels vous faites ſi
ſourdement tant d'inuectiues, mais pluſtoſt contre leſquels vous lancez ces blaſphemes & ces impietez, ne
ſoient les oingts du Seigneur, les Anges de l'Egliſe Gallicane, qui veillent à ſa garde, les ſucceſſeurs des Apoſtres, les colomnes de la Verité, les ſentinelles de la Foy,
ie veux dire les Eueſques de France, que vous attaquez
inſolemment ſous le nom de vos Aduerſaires, lors que
dans leur *Lettre Circulaire,* ils vous ont tacitement condamnez, ſur ce qu'en qualité d'amis de Ianſenius, & de
Sectateurs de ſa doctrine, vous auez excité depuis la Bulle des troubles dans l'Egliſe, par le deſſein que vous
auiez *de perſuader aux autres, que les cinq Propoſitions cen-*
ſurées ne ſont point de Ianſenius, & qu'elles ont eſté condamnées
dans vn ſens, qui n'appartient en rien à Ianſenius ?

N'eſt-ce pas cela meſme que vous nous donnez encore clairement à entendre dans voſtre *ſeconde Lettre,* bien
que vous ne puiſſiez pas ignorer, que ces illuſtres Prelats ont marqué dans leur Lettre, que pour empeſcher
que le venin du Ianſeniſme ne ſe répandiſt dauantage,
ils auoient eſté obligez d'enuoyer leur *Lettre Circulaire*
par toute la France, pour conuaincre d'erreur tous ceux

qui parlent comme vous, & qui foûtiennent encore ces
erreurs comme vous faites , lors que vous dites que *vous
ne les auez point leuës dans cet Auteur?* Quoy donc? le iugement que ces perfonnes Apoftoliques ont fait de vous
& des voftres dans leurs grandes affemblées, eft-il vn
iugement *temeraire?* Et le iugement que nous faifons de
vous aprés vn iugement fi celebre, peut-il eftre accufé
iuftement de temerité & d'entreprife ? Et puis, Monfieur, *vous vous erigerez en nouueau Pape ,* ou pluftoft
vous vous placerez dans le thrône de Iefus-Chrift, pour
condamner à *la damnation eternelle* les Euefques de France, & tous les fideles, qui auec eux iugent que les Ianfeniftes, qui perfiftent encore à defendre la doctrine condamnée de Ianfenius, font heretiques, & *rebelles* au S.
Siege.

Mais cette iniure eft peu de chofe à comparaifon de
cette autre, que vous faites à nos Prelats, lors que vous
les mettez en la place des Iuifs, & vous en celle de Iefus-Chrift, & que pour acheuer ce parallele vous dites,
qu'ils ont agy enuers vous , comme les Iuifs ont agy enuers Ie- 2. Lettre page 134.
fus-Chrift mefme. Si l'on vous en demande la raifon, vous
répondrez que c'eft pource qu'ils ont accufé les Ianfeniftes ou les Sectateurs de Ianfenius (tels que vous eftes
au Port Royal, & vous particulierement qui defendez
encore auiourd'huy fa doctrine condamnée) *d'auoir des
erreurs contre la Foy.* Mais , Monfieur, que direz-vous
maintenant contre nous, qui ne vous accufons pas feulement *d'auoir des erreurs contre la Foy*; mais qui vous en conuaincons auiourd'huy fi clairement, fans qu'il vous refte
aucune legitime defenfe ? les mots *d'horrible,* de *diabolique,*
& quelques autres fi frequens au Port Royal , ne vous
fuffiront pas, pour dégorger fur nous le venin de voftre
fiel. Aprés tout vous feriez mieux d'abiurer vos erreurs,
& de les retracter franchement, que de vous emporter
tous les iours à de nouueaux excez, dans les chofes de la
Foy, de la Difcipline,& de la Morale.

Ne nous dites donc plus qu'on vous a *iugez fur de vains* 2. Lettre page 77.

soupçons, puisque vos Aduersaires n'ont iugé & condamné les Iansenistes auteurs des Libelles du Port Royal, qui ont paru depuis la Bulle, pour la defense de Iansenius & de sa doctrine, qu'en suite de l'accusation, du Iugement, & de la Sentence des Euesques de France, qui paroist dans leur *Lettre Circulaire*. Ne dites plus que le iugement que vos Aduersaires font de vous, *est peché mortel*, puisque ce iugement est fondé sur la parole des successeurs des Apostres, qui sont pour nous en cela les garands enuers Dieu, de l'integrité de nostre conscience, puisque l'obligation que nous auons de parler comme eux, *de croire ce qu'ils croyent, de condamner ce qu'ils condamnent, d'enseigner ce qu'ils enseignent, & de dire ce qu'ils disent*, ainsi que saint Augustin le disoit de ses predecesseurs, nous met à couuert de tous vos anathemes.

S. August. lib. 1. contra Iulian. c.5. Quod credunt credo, quod tenent teneo, quod prædicant prædico.

Ie ne dis rien cependant de ce qu'en nos personnes, vous accusez les Euesques de France, & condamnez ces personnes sacrées *de peché mortel*, puisqu'aprés les auoir comparez aux Iuifs, & vous à Iesus-Christ, toute autre chose maintenant vous doit estre permise; mais vous, Monsieur, qui craignez plus les Puissances temporelles que les spirituelles, n'apprehendez vous point, qu'on se lasse enfin de l'insolence inouïe de vostre procedé, dans vn temps où vous voyez que l'Autorité seculiere, qui commence à se plaindre des entreprises des vostres, commence aussi à se disposer pour ioindre son pouuoir à celuy de l'Eglise afin de les arrester, & vous mettre dans le respect que vous deuez au saint Siege & au Roy, qui depuis peu a fait enregistrer la Bulle d'Innocent X. dans l'vn des plus celebres Parlemens de la France.

Bien que ces choses fassent voir clairement, que vous auez beu à longs traits l'iniquité comme l'eau; si est-ce que l'iniustice de vostre iugement contre nous paroist encore dauantage, lors que vous dites que le Pape & les Euesques *n'ont point proferé contre vous de sentence, & qu'ils ne l'ont pû faire*; quand vous dites *que vous vous defendez contre la passion de ceux qui vous accusent, & qui vous con-*

2. Lettre page 73.

Page 62.

damnent sans aucun suiet, & contre la verité manifeste: quand   *Page 77.*
vous dites qu'*on n'a point attendu pour obliger les fideles à se*
separer de vous, que vous fussiez condamnez comme heretiques
par vostre Archeuesque, aprés auoir esté accusez & conuaincus.
Car Innocent X. dans ses Decrets, & les Euesques de
France dans leurs grandes & frequentes Assemblées, &
par leur Lettre Circulaire, n'ont-ils pas proferé leur
sentence contre ceux, qui defendent la doctrine condamnée de Iansenius, comme contre des heretiques? & vous
la defendez encore dans vostre seconde Lettre.

    Ils ne l'ont pû faire, ce dites-vous, *parce qu'il n'y en a*   *Page 7?.*
aucun suiet : Mais, Monsieur, si vous auez assez de har-
diesse pour choquer leur puissance, vous ne pouuez pas
ignorer qu'ils n'ayent assez de zele, de iustice & d'autorité pour la maintenir contre vous? Quant au suiet legitime qu'ils ont eu de condamner tous ceux, qui suiuent
encore la doctrine de Iansenius, il est si clairement expliqué dans leur *Lettre Circulaire* cy-dessus rapportée,
qu'il faut estre ou aueugle ou *Ianseniste, & rebelle* au S.
Siege, pour y trouuer quelque chose à redire. Hé quoy,
Monsieur, ces augustes Prelats estoient-ils transportez
de passion & d'aueuglement, quand ils se sont mis en
estat de maintenir la verité de la Foy, contre des personnes qui l'impugnent? sont-ils en possession d'accuser &
de condamner des innocens *sans suiet & contre la verité*
manifeste?

ENFIN VOVS auez creu nous conuaincre d'vne en-   ARTICLE VI.
treprise manifeste contre vous & les vostres, lors que   SECTION I.
vous nous reprochez de n'auoir pas *attendu pour obliger les*   *Doctrine de saint*
fideles de se separer de vous, que vous fussiez condamnez comme   *Leon touchant*
heretiques par vostre Archeuesque, aprés auoir esté accusez &   *les personnes*
conuaincus; & vous auez mis cette raison au rang & en   *soupçonnées*
l'ordre de vos raisons inuincibles, car vous n'en produi-   *d'erreur, pour*
sez iamais d'autres : Mais le iugement que vous en auez   *monstrer qu'elles*
fait, n'a pas moins d'iniustice & de fausseté, que tous   *ne doiuent pas*
vos autres iugemens precedens, que nous auons impu-   *estre receuës en la*
communion des
Fideles.

O iij

gnez : Et pour vous en donner vne preuue certaine,
vous nous permettrez de vous dire que le grand saint
Leon Pape estoit vn peu plus intelligent dans la Morale Chrestienne, & dans la discipline Ecclesiastique que
vous n'estes pas encore, pour docte & habile que vous
pensiez estre. Pardonnez moy si ie le prefere à vostre ex-
cellence, c'est vn grand Saint & vn grand Pape, & vous
n'estes ny l'vn ny l'autre.

Or tant s'en faut que ce grand Pape ait conuaincu *d'vne entreprise manifeste*, ny accusé *de peché mortel* les Catholiques, qui *soupçonnans d'erreurs & d'heresie* quelques
amis & sectateurs de la doctrine de Pelage & de Celestius, les fuyoient comme des pestes, quoy qu'ils n'eussent pas esté *condamnez par leur Archeuesque, aprés auoir esté
accusez & conuaincus*; qu'au contraire il s'irrite contre les
Catholiques, qui receuoient parmy eux & dans leur
communion, des personnes *soupçonnées* des erreurs de Pelage, auant que de les auoir obligées d'abiurer leurs
erreurs.

C'est ce que ce saint Pape nous a laissé par écrit dans
deux de ses Lettres, pour nous apprendre la maniere
dans laquelle nous nous deuons comporter, à l'égard de
ces personnes *soupçonnées* (tels qu'estoient quelques Prestres, Diacres & autres Ecclesiastiques dont il parle, &
tels encore que vous estes) : Car il ne veut pas que nous
les receuions parmy nous, si premierement ils ne satis-
font à l'Eglise, s'ils n'abiurent leurs erreurs, & les Auteurs de leurs erreurs sans aucune sorte d'equiuoque, &
sans ambiguité; Ce que vous ne faites nullement, Monsieur Arnauld, puisque vous ne voulez pas condamner
la doctrine de Iansenius : Et bien loin d'estre soûmis &
dans l'humilité, que l'Eglise demande de ses veritables
Enfans, vous auez le front de nous dire, que *c'est maintenant vne question de fait de sçauoir; si les Propositions condamnées sont dans Iansenius.*

Car pouuez-vous ignorer que les Euesques de France
assemblez tant de fois sur cette question de fait, ne

Page 77.

2. Lettre page 139.

l’ayent iugée & decidée à voftre honte ? Et qui pouuoit empefcher ces Preftres, ces Diacres & ces autres Ecclefiaftiques *foupçonnez* des erreurs de Pelage & de Celeftius, dont parle S. Leon, de dire comme vous, que *c’eftoit vn point de fait, de fçauoir fi les Propofitions condamnées en la perfonne de Pelage & de Celeftius, eftoient dans les Liures de l’vn & de l’autre; & qu’ainfi ce n’eftoit pas vn fuiet legitime de les traitter d’heretiques?* Mais S. Leon qui eftoit affez intelligent dans les mœurs & dans la difcipline de l’Eglife, fans auoir égard à ces fictions imaginaires, anime fon zele contre les Euefques, qui receuoient ces perfonnes dans leurs Eglifes, & dans leur communion, auant que de les auoir obligées d’abiurer leurs erreurs.

Efcoutons maintenant S. Leon, preftons l’oreille à cet Oracle, & nous entendrons qu’il ordonne au Metropolitain de Venife, dans l’vne de fes Epiftres, de n’admettre en fa communion aucun de ceux, qui eftoient foupçonnez d’auoir fuiuy le party de Pelage & de Celeftius. *Ie luy ay, dit-il, fait fçauoir, qu’il y alloit de fa confcience & du peril de fon falut, s’il receuoit parmy les Catholiques, & dans fa communion, quelqu’vn de ceux qui ont fuiuy le party de Pelage, & de Celeftius, auant que par leur profeffion de Foy, ils euffent donné chacun en particulier, vne legitime fatisfaction à l’Eglife.*

Car il eft tres-falutaire & tres-vtile pour la medecine fpirituelle, que les Preftres, les Diacres, & les autres Ecclefiaftiques de quelque ordre qu’ils puiffent eftre, Sectateurs de Pelage & de Celeftius, qui nous veulent faire connoiftre qu’ils fe font corrigez: il eft dis-ie tres-falutaire, qu’ils condamnent franchement, & fans aucune ambiguité leur erreur, & les Auteurs de leur erreur, &c. Nous ne voulons pas auffi qu’il leur foit permis de vaguer & fortir de leurs Eglifes, pour aller en d’autres Eglifes, qui ne leur font pas ordonnées : Car fi cela n’eft pas permis aux Innocens, certes il le doit moins eftre à des perfonnes foupçonnées d’erreur.

Ie rapporte ces dernieres paroles de S. Leon, pour faire voir à Monfieur Arnauld, que les Preftres, les Dia-

S. Leo Epift. 85. ad Septim.

Ad Metropolitanum Epifcopum prouinciæ Venetiæ fcripta direximus, quibus ad ftatus fui periculum cognofceret pertinere, fi quifquam de Pelagianorum & Cæleftianorū confortio veniens, in communione Catholica fine profeffione legitimæ fatisfactionis habeatur. Saluberrimū enim eft, & fpiritualis medicinæ vtilitate pleniffimū, vt fiue Prefbyteri, fiue Diaconi, fiue alij cuiuflibet ordinis Clerici, qui fe correctos videri volunt, errorem fuum, & ipfos erroris auctores dānari à fe fine ambiguitate fateantur, &c. Nec ab iis Ecclefiis ad quas propriè pertinent; finantur abfcedere, & pro fuo arbitrio ad loca fibi non deputata tranfire. Quod cùm rectè non permittitur inculpatis, multo minùs debeat licere fufpectis.

cres, & les autres Ecclesiastiques dont il parle, & qui a-
uoient suiuy le party de Pelage, & de Celestius, estoient
des personnes *soupçonnées*, & non pas *accusées*, *conuaincuës*
& condamnées par leur Euesque où par leur *Archeuesque*.
Mais qu'auroit dit S. Leon, si ces Prestres, ces Diacres,
& ces Ecclesiastiques auoient fait des *Apologies* pour
Pelage & pour Celestius, auant la condamnation de ces
heretiques, comme Monsieur Arnauld a fait pour Iansenius; s'ils auoient continué à defendre cette mesme
doctrine depuis le Decret d'Innocent I. comme a fait
Monsieur Arnauld depuis la Bulle d'Innocent X. s'ils
auoient comparé aux Iuifs les Euesques de Carthage &
de Mileue, qui dans leur assemblée condamnerent non
seulement ces heretiques, mais encore leurs sectateurs,
de mesmé que les Euesques de France ont condamné
ceux qui suiuent, & defendent encore la doctrine de
Iansenius?

Passons à l'Epistre suiuante de ce grand Pape, où
nous trouuerons la mesme regle plus formellement ex-
pliquée. *Nous auons*, dit-il, *reconnu par la relation que Se-*
ptimius nostre Frere & nostre Coeuesque nous a faite, que vous
auez receu & admis en vostre Prouince dans la communion Ca-
tholique, quelques Prestres, quelques Diacres, & autres Eccle-
siastiques d'ordre different, qui trempoient dans les erreurs de
Pelage & de Celestius, sans qu'auparauant vous ayez exigé d'eux
la condamnation de l'erreur qu'ils auoient cy-deuant professée;
& qu'ainsi les Sentinelles que Dieu auoit commises pour la garde
de ses troupeaux, s'estant trop endormies, ces loups reuestus de
peaux de brebis, qui conseruent au dedans vn esprit carnassier,
sont entrez dans la bergerie du Seigneur &c.

Si bien que n'ayant point esté examinez, ny obligez par leur
confession de foy, d'abiurer & de quitter leurs erreurs; ils
ne cherchent autre chose qu'à se glisser adroitement dans les mai-
sons des Catholiques, à la faueur de cette communion, corrom-
pant & seduisant ainsi la conscience des simples, par l'éclat du
faux nom de Catholique dont ils se vantent. Ce qu'ils n'au-
roient iamais pû faire, si les Prelats de l'Eglise auoient apporté

S. Leo epist. 86. ad
Nicetam.
Relatione S.Fratris
& Coëpiscopi no-
stri Septimij &c. a-
gnouimus quosdá
Presbyteros, diaco-
nes, ac diuersi or-
dinis Clericos,
quos Pelagiana siue
Cælestiana hære-
sis habuerit impli-
catos, ita in vestra
prouincia ad com-
munionem Catho-
licam peruenisse; vt
nulla ab eis dána-
tio proprij exigere-
tur erroris, & pa-
storalibus excubiis
nimium dormitan-
tibus, lupus ouium
pellibus tectus in
ouile Dominicum,
non depositis be-
stialibus animis in-
troiret &c.
Quoniam qui nul-
lo discussi examine,
nullo sunt præiudi-
cio suæ professionis
obstricti, hunc ma-
ximè expetunt fru-
ctû, vt sub velamê-
to communionis
plures domos a-
deant, & per falsi
nominis scientiam
multorum corda
corrumpant. Quod
vtiq; efficere non
possent, si Ecclesia-
rum præsules ne-
cessariam diligen-
tiam in talium re-
ceptione seruarent;
&c.

en cela la diligence requise & necessaire pour examiner des personnes de cette qualité; c'est à dire soupçonnées d'erreur, comme il a dit dans la precedente, parlant de ces mesmes Prestres, Diacres, & autres Ecclesiastiques, qui n'auoient point este ny accusez, ny conuaincus, ny condamnez par leur *Archeuesque*, puisque ce Pape s'en plaint ; mais qui comme raisonnablement *soupçonnez* (quoy qu'ils n'eussent point fait d'*Apologies* pour Pelage ny pour Celestius, & qu'ils ne les eussent pas defendus aux pieds du Saint Siege) deuoient estre interdits de toute communion auec les Catholiques.

Poursuiuons auec S. Leon. *Donc*, dit-il, *pour empescher ce desordre à l'auenir,* (Ne diriez-vous pas qu'il sembloit preuoir les Iansenistes, & ce que Monsieur Arnauld deuoit dire dans *sa 2. Lettre*) *& pour y remedier à present, Nous ordonnons qu'à vostre diligence, les Euesques de vostre Prouince ayent à s'assembler, pour faire que tous les Ecclesiastiques, de quelque ordre qu'ils puissent estre, qui ont suiuy le party de Pelage, & de Celestius, & qui toutefois ont esté receus de vous dans vostre communion, par vne telle imprudence, que vous ayez manqué de les obliger de condamner leurs erreurs, auant que de les admettre parmy vous ; qu'au moins à present que leur malice,* (escoutez bien Monsieur Arnauld) *que leur hypocrisie ou leur feintise est découuerte & rendue manifeste, vous les obligiez à vne correction veritable & sincere, qui leur soit profitable, & qui ne puisse nuire à pas vn d'entre les Catholiques.* Pesez bien ces paroles, Monsieur Arnauld, & les confrontez auec vostre *seconde Lettre*, elles ne sont pas trompeuses comme les vostres; que si elles ne sont pas si elegantes, au moins sont-elles plus solides & plus veritables, & comme telles, elles condamnent le reproche iniuste que vous nous faites.

Acheuons, *Faites donc en sorte* (dit S. Leon à cet Euesque) *que ces personnes* (soupçonnées) *condamnent par vne profession de foy claire & nette, les Auteurs de l'erreur qu'ils ont professée, & qu'ils detestent ce que l'Eglise Catholique a en horreur dans leur doctrine; Faites que par vne protestation in-*

P.

Ne ergo hoc vlterius audeatur, néve per quorumdã negligentiam introducta pernicies, ad euersionem multarum tendat animarum, hac nostri auctoritate præcepti industriæ tuæ fraternitatis indicimus, vt congregata apud vos Synodo prouincialium sacerdotum, omnes siue Presbyteri, siue diaconi, siue cuiusque ordinis Clerici, qui de Pelagianorũ Cælestianorũmq; consortio in communionem Catholicam ea imprudentia sunt recepti, vt non priùs ad dãnationem sui coarctarentur erroris, nunc salté posteaquam hypocrisis eorum ex quadam parte detegitur, ad veram correctionem, quæ & ipsis prodesse, & nullis possit nocere, cogantur. Damnent apertis professionibus sui superbi erroris auctores, & quidquid in doctrina eorum vniuersalis Ecclesia exhorruit, detestentur, omniáq; decreta Synodalia, quæ ad excisionem huius hæreseos Apostol sedis cõfirmauit auctoritas, amplecti se & in omnibus approbare plenis & apertis,

subscriptis prote-
stationibus eloquā-
tur. Nihil in verbis
eorum obscurum,
nihil inueniatur
ambiguū. Quoniā
nouimus hanc isto-
rū esse versutiam,
vt in quacumque
particula dogma-
tis execrandi, qua
se à damnatorum
Societate discreue-
rint, nihil sibi sen-
suum suorum exi-
stiment esse non
saluum.

SECT. II.
Application de
la discipline de
S. Leon à la con-
duite de Mon-
sieur Arnauld.

genuë, pleine & entiere, signée de leur propre main, ils reçoiuent & embrassent generalement & en toutes choses, tous les Decrets Synodaux, que l'autorité du S. Siege Apostolique a confirmez, pour l'extinction de cette heresie : prenez garde sur tout, que dans les paroles de leur confession de foy, ils n'y meslent rien d'obscur & d'ambigu : Car nous les connoissons bien, & nous sçauons que leur malice ordinaire est si pleine de fourbes & d'artifices, que dans chaque parole qu'ils employent pour detester leurs erreurs, afin de paroistre separez & desunis de la compagnie de ceux qui ont esté condamnez, ils se persuadent de pouuoir adroitement sauuer le sens entier de leurs erreurs, & de leurs fausses maximes.

Mr ARNAVLD croyez moy, ce pacquet s'adres-se à vous, vous n'en payerez point de port, comme i'ay fait autrefois de celuy que vous m'enuoyastes, & qui a des-ia esté & sera suiuy de tant de responses, que vous vous en lasserez : Mais si vous n'auez bien entendu S. Leon à la premiere lecture, ie vous coniure de le li-re vne seconde fois ; C'est vn grand Pape, qui vous fait l'honneur de vous adresser ses missiues, par lesquelles il condamne plenement ce que vous dites. Ie n'en suis que le porteur ; certes il merite bien quelque response de vostre belle plume, si vous ne voulez passer pour le plus inciuil des Escriuains.

Que luy direz-vous donc, Monsieur Arnauld ? Luy direz-vous qu'il a tort, & *qu'il n'a pû proferer de sentence contre des personnes, qui ont esté soupçonnées* d'auoir trempé dans la doctrine de Pelage & de Celestius, comme vous dans celle de Iansenius ? Luy direz-vous qu'en *iugeant sur des soupçons raisonnables, ces Prestres, ces Diacres, & ces autres Ecclesiastiques, il a fait vn iugement temeraire ?* Luy direz-vous *qu'il est tombé en peché mortel, de les auoir iugez heretiques, auant qu'ils eussent esté accusez, iugez & condamnez par leur Archeuesque ;* quoy qu'ils ne fussent pas si coupa-bles que vous ; Car outre que vos Liures témoignent que vous auez trempé dans la doctrine condamnée de Ianse-nius auant la Bulle, en disant que ses propositions estoient Catholiques, vous l'auez defenduë depuis la Bulle par

2. Lettre pag. 80.

vos Libelles, & vous la soustenez encore à present dans
vostre 2. *Lettre* ? Direz-vous à S. Leon *que la connoissance*   2. *Lettre page* 27.
du fait, qui concernoit ces Ecclesiastiques soupçonnez, n'appar-
tenoit qu'à leur Euesque, & non pas au Pape, ny au Metropolitain de Venise, chez lequel ils estoient estrangers ?

Ne voyez-vous pas que cet Euesque est blasmé par
ce S. Pape, & accusé d'imprudence, pour auoir manqué
d'obliger les fideles de son troupeau, *à se separer de ces Ec-*   *Page* 77.
clesiastiques soupçonnez dans leur foy, bien qu'ils *n'eussent*
pas esté iugez, conuaincus & condamnez par leur Euesque; &
que S. Leon se plaint de ce que leur propre Euesque
ayant manqué à son deuoir, qui estoit de leur faire abiurer l'heresie, dont ils estoient *soupçonnez,* ils se glissoient
sous vn nom Catholique, dans la frequentation des Catholiques pour les infecter du venin de leur erreur, comme les vostres font à present parmy les nostres ?

Direz-vous enfin que S. Leon, & les Euesques qui
luy ont obey, *ont agy enuers ces Prestres de I. C. comme les*   *Page* 233.
Iuifs enuers I. C. mesme? Pourquoy donc faites vous ces
reproches à ceux dont vous vous plaignez auec tant
d'iniustice ? N'ont-ils pas gardé & suiuy à vostre égard,
& à l'égard des amis & Sectaires de la doctrine condamnée de Iansenius par Innocent X. la discipline que S.
Leon pratiqua à l'égard des Sectaires de la doctrine de
Pelage condamnée par Innocent premier ?

Il y a quelque difference, il est vray ; mais elle n'est
qu'en ce que ces Ecclesiastiques *soupçonnez,* iugez & condamnez par ce grand Pape, pour lequel vous auez autrefois témoigné tant d'estime & de respect, n'estoient pas si
coupables, que vous & les vostres, qui defendez encore
vne doctrine tout fraichement condamnée ; qui faites
encore auiourd'huy des *Apologies* pour son Auteur, & qui
en suite d'vne entreprise si criminelle, auez le front de
vous comparer à I. Christ, pour comparer aux Iuifs, ceux
qui auec le Pape & les Euesques de France, se declarent
les ennemis d'vne doctrine condamnée d'heresie, que
vous professez encore, puisque vous la defendez, & qui

P. ij

appellent *rebelles* tous ceux, qui s'efforcent comme vous,
d'en redresser les pernicieuses maximes.

 Si donc vous continuez deformais à demander aux
nostres (comme vous auez fait dans vostre 2. *Lettre,*)
quels ils sont pour entreprendre de vous faire vostre procez ; ils
vous répondront qu'il y a long-temps qu'il a esté fait
par S. Leon ; qu'ils ne font autre chose en vous appell-
lant heretiques, & en interdisant aux fideles la frequentation de vos personnes, que de lire & de prononcer la
sentence de S. Leon en cas semblable , & de vous appliquer l'Arrest diuin d'Innocent X. & le Iugement des
Euesques de France, contre ceux qui comme vous aiment, suiuent & defendent encore la doctrine de Iansenius.

 Et si vous les pressez de vous dire , qui *leur donne la*
puissance de vous accuser, de vous iuger & de vous condamner,
ils vous repartiront qu'ils ne vous accusent point, qu'ils
ne vous iugent point, qu'ils ne vous condamnent point,
mais qu'ils vous trouuent *accusez, iugez & condamnez*
en suite des Libelles du Port Royal par vous composez
depuis la Bulle, qui ont donné suiet aux Euesques de Frá-
ce de s'assembler tant de fois, pour en accuser, en iuger,
& condamner les Auteurs & les Sectaires , c'est à dire
vostre personne, Monsieur Arnauld, qui dans vostre 2.
Lettre continuez à defendre ces infames libelles.

 Sçachez donc que ces bons & deuots Ecclesiastiques
que vous calomniez dans vostre *Lettre,* & que ceux qui ont
écrit contre vous, que vous appellez vos *aduersaires,* ne
sont pas ceux qui vous *accusent, qui vous iugent, & vous*
condamnent; mais ils vous monstrent seulement que vous
estes *accusez, iugez, & condamnez :* Ils vous presentent
vostre Arrest par écrit ; lisez donc dans les regiftres sacrez qu'ils vous presentent , & vous y trouuerez vostre
accusation, vostre iugement , & vostre condamnation
dans les Epistres de S. Leon, lors que vous nous dites auec
autant d'ignorance de l'antiquité, que de temerité, que
c'est peché mortel de iuger des personnes heretiques sur des sou-

Page 63.

2. Lettre page 63.

page 77.

pçons raisonnables ; Et que *vous ne craignez pas de dire que c'est non seulement vne fausseté, mais vne erreur indubitable dans la Morale Chrestienne ;* Puisque S. Leon dans sa pratique, vous condamne vous mesme, de fausseté & d'erreur.

Vous trouuerez voftre accusation, voftre iugement, & voftre condamnation dans la Bulle & les Decrets d'Innocent X. qui condamnent d'herefie les propofitions, & la doctrine du Liure de Ianfenius que vous defendez encore.

Vous trouuerez enfin voftre accusation, voftre iugement & voftre condamnation, dans la *Lettre Circulaire* des Euefques de France, qui a donné par auance vn démenty à toutes les fauffetez de voftre 2. *Lettre,* par laquelle vous auez la temerité & le front, de nous dire que la doctrine de Ianfenius n'eft point vne doctrine condamnée ; & que les Propofitions que le Pape & les Euefques de France luy attribuent, & qu'ils y ont leuës (comme ils le difent eux-mefmes dans leur Lettre) *ne font pas dans fon Liure, ny condamnées au fens de cet Auteur ;* puifqu'elle dit ouuertement refpondant à vos libelles (qui tenoient ce mefme langage) *que les cinq Propofitions condamnées font de Ianfenius, & qu'elles font condamnées au propre fens de cet Auteur.*

APPRENEZ donc, Monfieur, à reformer voftre foy & voftre croyance, fi vous voulez paffer deformais pour Cathólique dans l'Eglife ; effacez de voftre Liure, ou retractez par vn efcrit public voftre propofition Caluinifte touchant la realité du corps & du fang de I. C. dans le tres-augufte Sacrement de l'autel. Retractez l'herefie nouuelle que vous auez femée fourdement dans voftre premiere *Lettre,* touchant l'égalité des perfonnes diuines. Retractez voftre erreur, par laquelle dans voftre 2. *Lettre,* vous redreffez la premiere des cinq Propofitions cenfurées. Retractez voftre erreur de *la grace efficace par elle mefme,* au fens que vous l'entendez, puifque par elle vous redreffez felon vous, toutes les cinq Propofitions cenfurées. Car comment pourra-t-on croire, que *vous con-*

SECT. III.
Conclufion adreffée à Monfieur Arnauld par maniere d'auis charitable.

Diftinctions abbregées page derniere.

damnez ce que le Pape condamne , & que vous estes sincerement
soûmis au S. Siege , si vous ne retractez vos propositions heretiques que le Pape a condamnées , c'est à dire si vous
renouuellez ces erreurs censurées , & si vos effects démentent vos paroles. Reformez encore ou changez vos
deux maximes nouuelles , qui tendoient à sapper les fondemens de la religion Chrestienne , & à renuerser d'vn
seul coup toutes les regles primitiues de l'Eglise , ainsi
que nous l'auons cy-dessus demonstré.

Apprenez pareillement à changer de discipline , puisque vos attaques & vos défenses , vos iniures & vos
plaintes , comme les principaux chefs qui la partagent
dans vostre seconde Lettre , vous ont si mal reüssy ; aussi bien ne pouuez-vous plus éuiter , que tous les sages ne
blâment maintenant d'insolence & de temerité vostre
iniuste procedé à l'égard du S. Siege & des Euesques de
France ; & que tous ne voyent clairement que les protestations que vous faites d'vne sincere soûmission au S.
Siege , sont autant de protestations simulées , d'artifices
& de fourbes , puisque vous ne condamnez pas ce qu'ils
ont condamné ; Car ils ont condamné la doctrine de
l'Ianseuius dans les cinq Propositions censurées ; & vous ,
Monsieur , vous defendez encore cette doctrine dans
vostre seconde Lettre. Il est vray que si defendre vne
doctrine condamnée par l'Eglise , & la vouloir redresser , est la condamner sincerement (car vous estes si sincere en toutes choses) vous pouuez vous vanter de
l'auoir condamnée ; mais les prestiges du Port Royal ne
nous enchantent pas.

Apprenez que l'obeïssance à l'Eglise & à ses Puissances superieures , est le fondement de toute discipline , en
la personne de ceux qui comme vous & moy ont l'obeïssance en partage ; & que la qualité de Docteur ne vous
dispense nullement de cette regle ; qu'au contraire elle
vous rend d'autant plus coupable , qu'au lieu de seruir
d'exemple & de lumiere aux fideles , pour les edifier en
ce point ; comme vous deuriez , vous leur seruez de pier-

re d'achopement , par le fcandale du fchifme , que vôtre rebellion forme auiourd'huy dans l'Eglife.

Ne dites plus que *vos aduerfaires vous iugent & vous
condamnent fur de vains foupçons, ny qu'on vous attribuë fans
preuue vne herefie imaginaire*; puifque i'ay produit cy-deffus
les titres authentiques de voftre accufation, de voftre iugement, & de voftre propre condamnation, de laquelle
vous ne pouuez plus vous releuer , que par les lettres
Apoftoliques d'vne penitence fincere.

Quittez, quittez cette fauffe delicateffe de confcience, *par laquelle vous nous vouliez perfuader , que vous efticz
obligez au deffus du Pape & des Euefques de France, d'empefcher que la doctrine de faint Auguftin ne fuft fleftrie fous le
nom de Ianfenius*; puifque le Pape & les Euefques de France qui honorent S. Auguftin plus fincerement que vous
ne faites pas, vous déchargent de ce fardeau pour s'en
charger; car vous deuez fçauoir qu'ils font plus folua-
bles que vous dans les chofes qui regardent la Foy, l'honneur & l'autorité des S S. Peres.

Apprenez encore à changer de Morale, auffi bien que
de foy & de difcipline, puifque la Morale corrompuë &
deprauée de voftre feconde Lettre, vous a ietté dans vn
aueuglement fi épouuentable, qu'on ne voit qu'iniuftice
dans voftre procedé, foit dans l'inique iugement que vous
faites de nos œuutes, des œuures de Ianfenius, & de
celles de faint Auguftin ; foit dans le iugement égaré
que vous faites de vous-mefme & des voftres : encore
fi vous ne pechiez qu'en cela, voftre amour propre en
feroit les excufes, puifque les playes de cet amour font
fi douces à la nature, qu'elle a peine de fouffrir qu'on
les place en l'ordre des crimes : foit enfin dans le iugement temeraire que vous faites de tous vos aduerfaires.

Mais qui font vos aduerfaires, finon ceux qui accufent & condamnent voftre doctrine d'herefie ? Et qui
font ceux qui accufent & condamnent voftre doctrine
d'herefie, finon le Pape dans fes Decrets, & les Euef-

ques de France, qui dans leur Lettre Circulaire, nous ordonnent de condamner auec eux tous ceux qui suiuent & defendent la doctrine de Ianfenius, que vous defendez encore dans voftre feconde Lettre, & que vous vous efforcez de redreffer par les charmes d'vne eloquence trompeufe & criminelle, & par des déguifemens ordinaires aux Nouateurs, qui fe voyans euincez dans les chofes qu'ils obiectent aux fideles, en forgent de nouuelles, ainfi que faint Athanafe autrefois le reprochoit aux Ariens ?

Athanaf. ferm. 4. contra Arianos.

Que fi, Monfieur, vous fuiuez ces auis charitables, nos vœux feront exaucez, les prieres que nous faifons pour vous tous les iours, auront obtenu l'effet de leur demande, & nous n'aurons pour lors en la bouche que des benedictions pour vous, & pour tous ceux qui vous auront imité dans voftre correction falutaire, que nous attendons de la pure grace de Dieu, & non pas de la force de nos raifons.

F I N.

DEO OPT. MAX. ET BEATISSIMÆ VIRGINI DEIPARÆ.

Fait en la maifon de Monfieur le Curé d'Efpiez proche Ponthoife, le 11. Octobre 1655.